冰瑩憶往

我的少年生活

寫下了這個題目，我呆呆地望着它，足足有十分鐘，不知道從何處下筆。我的兩眼裏，含滿了熱熱的眼珠，我想先痛哭一場，再來寫我的回憶；可是，這裏是貞妹的家，我不能讓她難過，我要用理智壓住我的情感。平心而論，我是幸運的，假如不是坎坷的幼年、少年生活，使我嘗到了人生的苦味，也許我沒有今天——許多親人和朋友們這麼關心我，愛護我。

從小我就愛發問，例如母親教我紡紗、繡花、績蔴，不讓我讀書，我就會問：

「爲什麼哥哥他們不紡紗、繡花？爲什麼我不能讀書？」

「你哥哥是男人，他讀了書，可以做官，賺大錢，你是女人，怎麼可以和他比？」

母親帶着生氣的語調說。

「同樣是書，爲什麼男人讀了就能作官，而女人不行呢？我不相信。」

其實，我是最不喜歡作官的，記得我六、七歲的時候，有一天二哥問我：

「你將來長大了，打算做什麼？」

「開書店。」我毫不思索地回答他。

「你想要多少錢就滿足了？」

「一百塊！」

說完，我伸出舌頭來，以爲數目太大，二哥會罵我太貪的，不料他竟哈哈地大笑起來：

「無大志！眞沒有出息，一百塊錢，你能做什麼呢？」

「我可以買好多的書，白天讀，晚上也讀，我讀過了，再送給別的小朋友去讀。」

愛讀書，這是我從小就有的嗜好和志願。

* * *

生來我是個男性化的女孩，我喜歡和男孩子一塊兒玩，爬樹掏鳥窩，下田捉泥鰍；在月明之夜練兵操，我當總司令；和小朋友辦家家酒，結婚時，我一定扮新郎；媽媽爲我做的新衣裳，我要等下過水才穿，而且絕對不穿紅的花的。誰都說我是個小怪物，或者小傻瓜，這些渾名，我都願意接受。我覺得世界上再沒有比自由更可貴的了，因此我反對母親替我纏足、穿耳朶，也不喜歡做針線，只羡慕三位哥哥能在爸爸身邊學着作詩，塡詞，高聲朗誦古文。

「我不喜歡平平仄仄平平仄，仄仄平平仄仄平，我將來長大了要作新詩，像說話一樣，想到什麼，就寫什麼。」

其實，眞是笑話，我那時年紀太小，什麼都不懂，那有資格談詩呢？

＊　　＊　　＊

我開始嘗到人生的苦味了，一雙能跑能跳的天足，被母親用藍色的裹腳布，一層又一層地纏住了，從此我不能自由地行動，要像姊姊一樣，一步一步地慢慢走，想要快一點，假如不扶着牆壁，就要摔倒。

——我已經成了殘廢的人，不能忍受，我決不能忍受！反抗，反抗，我一定要反抗到恢復我的天足爲止！

我在內心吶喊着，咆哮着，最後，說到做到，我眞的在進大同女校求學的那年，就自動把腳布剪成無數段，恢復了我的天足；可惜當時受傷太重，有八隻腳趾至今無法伸直，每當穿新皮鞋的時候，痛得我直想哭，唉！親愛的母親呵，您在九泉之下，也知道女兒的痛苦嗎？

＊　　＊　　＊

從小我愛交朋友，進了小學就開始和朋友通信，即使同在一個學校，同一班級，我也喜歡愉愉地寫封信夾在她的書裏。一直到今天，我還是保持着來信必覆的好習慣。

我眞是個多災多難的人，爲了捉小痲雀，曾經摔下來暈死過去半小時，不久，不知爲什麼原因，忽然雙目失明，這時我恐慌極了，我不知道要怎麼辦才好。

「姊姊，假如我從此成了瞎子，我不能活下去的！」

「傻子，假如你眞到了那麼一天，我來扶着你走路，還要餵飯給你吃。」姊姊連忙安慰我。

眼睛好了之後，接着來了一個大災難，那就是母親不許我讀書，我三天三夜不吃飯，最後還是我勝利了，媽親自提了籃子送我上私塾讀書，雖然只有短短的一年，我居然讀完了四書，只是並不了解每字每句的意義。

在我的許多幼年同伴裏面，我最喜歡珍姑娘，她很聰明、能幹，富同情心，可憐還只有十五歲，就被她的母親逼着嫁給一個瞎子，後來聽說她天天以淚洗面，因爲哭得太多，自己也成爲瞎子，最後終於投水自殺了！

＊　＊　＊

誰都說：回憶是美的，大多數的人，都有美麗快樂的童年，唯有我生長在風氣閉塞的謝鐸山，儘管風景幽美，有點像世外桃源；可是女人在家裏，在社會，都沒有地位的，也許正因爲如此，才孕育出我這富有革命性愛好自由的怪女人吧？

六三年八月二日夜於臺北

中學生活的回憶

我考上了第一女師

提起我的中學時代的生活，一切往事，歷歷如在眼前。

我好比一個先天不足的孩子，在功課方面我樣樣不如人家。爲什麼呢？是我的天資特別愚鈍？還是懶惰不用功呢？固然，我沒有天才；但自問從小便是個最用功的孩子，我的功課所以不如人家的原因，是我剛讀完高小一年級的時候，便跳班考上了湖南省立第一女師。我記得很清楚，那是民國十年的夏天，好容易父親把母親勸服了，允許我再讀兩年師範。本來，那時的師範，也像現在的中學三三制；可是母親不管這些，她說女人讀了書是沒有用的，反正在家裏燒飯洗衣生孩子，要什麼學問呢？

在由藍田至長沙的船上，一個星期內，我補習完了所有的四則雜題：什麼父子年齡；鷄兔共籠；順水行舟，人力水力之和；逆水行舟，人力水力之差；種樹；時間；利息；甲乙做工……弄得我頭昏腦脹。我恨死了發明數學的人，後來我選擇文科，是不無原因的。

那時湖南全省每縣可以保送兩名男生，兩名女生進男女師範學校，不須參加考試。我這個高小一年級生，自然不能夢想保送。父親在我參加考試的前一天晚上對我說：「鳳兒，精神不要緊張，要有充分睡眠，才能應付明天的考試；萬一失敗了，也不要緊，你可以和我同去益陽再讀五福小學，你大哥在那裏當校長，他會一切免費的。」

「不！爸爸，假如我失敗了，我要跳……」

還沒有說出「湘江」二字，父親便用右手掌封住了我的嘴巴。

「我最不喜歡沒出息的孩子，我喜歡再接再厲，從不灰心的人；不要胡思亂想，趕快去睡覺。」

一個星期之後，想不到我眞的僥倖考上了師範，父親等到發了榜後才離開長沙。進校的第一件工作，便是補習功課，找那些高小畢業了的同學，爲我按部就班地補授未完的功課。

在國文方面，我佔了不少便宜，因爲父親是前淸時候的舉人。他的著作等身，我從小便在家接受他老人家的敎誨；後來二哥和三哥又在新文學方面介紹我讀了不少世界名著；尤其難得的，是我有機會管理學校的圖書出借，凡是新到的書籍和雜誌，總是我先看了才借給人家。如果說人類是自私的動物，在這一件事方面，我是承認自私的。

兩位好老師

我要感謝兩位老師，他們使我在國文、英文方面打下了一點小小的基礎。

一位是教國文的李青崖老師，他不肯給我修改一萬字的小說——初戀，要我從五百字的短文開始。他說：「你假使五百字寫通了，那麼五千字也不成問題。年輕人啊，爲什麼還不會走路，就要學跑步呢？」這正與父親天天教導我行文應簡潔、流利，不要拖泥帶水、嚕哩嚕囌的用心完全一樣。

還有一位是英文老師陳國樑先生，滿臉紅光，戴着一副黑邊的近視眼鏡。他剛從東吳大學畢業出來，穿着筆挺的西裝，打着領帶，人很熱情、活潑。他教我們讀「泰西五十軼事」、「天方夜談」；還教會話和「英文字典大全」。凡是不喜歡會話的同學都討厭他，背地裏罵他是假洋人。

「多懂得一種外國文，對你們有益無害，不論你將來研究文學或者科學，你非學英文不可！要學會英文，沒有別的捷徑，只要不偷懶，勤查字典，死記生字，多背有名的作品，不怕難爲情，多練習會話，你就可以讀好英文。例如你還沒有讀過「圖釘」和「教務處」這兩個生字，你可以對同學說：「Please go to 教務處，and bring me a 圖釘。」說完，引起了我們哄堂大笑，他卻很嚴肅地站在講臺上，一點也沒有笑容。

陳老師還教我們天天寫日記，不管有沒有材料，非養成有恆的習慣不可！他有一個五歲的姪兒，天真活潑，常常來學校和我們玩耍；忽然有一天他得急病死了，我寫了一篇六百多字的「悼陳朋」，老師說，他一面讀，一面流淚，那是我生平第一次的英文作文得到誇獎，也是最後一次的優良成績，我得了九十八分。

偷讀

「站住！站住！不要跑！不要跑！學校已經鎖了大門，你還想跑到那裏去？除非你變隻蚊子，我總會抓住你的！」

有外婆之稱的校長，拼命地在我的後面追趕。我手裏拿着一本小說，更加拼命地逃跑，明明知道他總會追上我的；也明明知道學校裏會處罰我，卽使不開除，記大過一次，是不可避免的。

——我應該停住，好好地向校長說明，請求他寬恕。

儘管腦子裏知道這麼想；可是兩腿不聽我指揮，它好像上了發條的機器，拼命地不斷地向前奔走。

「謝鳴岡，聽到沒有？站住！我不是警察，我不會抓你去坐牢，我要看看你手裏拿的一本什麼書，怎麼可以犧牲睡眠，非看它不可；我不相信，它有這麼大的魔力！」

「我不是警察！」這句話把我提醒了！

眞的，他不是警察，我又不是小偷，爲什麼要這樣害怕呢？於是我眞的站住了，轉過頭來，用乞憐的眼光望着他，用微微顫抖的聲音哀求道：

「校長，請你老人家原諒我，因爲白天的功課太多，我沒有時間閱讀世界名著，所以只好在晚上犧牲了睡眠來看它。」

「什麼世界名著？拿給我看看！」

我立刻把藏在後面的「塊肉餘生錄」拿出來，他看了一下說：

「迭更斯，這個名字倒是很熟的，他是那一個國家的？」

「英國人。」

「我沒有看過這本書，裏面說些什麼？」

我見他問及書的內容，心情平靜多了，我不再害怕，還想趁此機會向他做一番宣傳工作呢。

「這是作者本人自傳的一部分，他敍述一個很可憐的孩子，從小受盡了折磨、困苦；但他一點也不灰心、不消極；相反地，他努力讀書，刻苦奮鬥，後來終於成了一位舉世聞名的作家！」

「不錯！不錯！這孩子很好，有出息，你這麼喜歡看這本書，是不是想要學他？」

「不！校長，我不敢有這種妄想；我很想增添一點勇氣，這倒是眞的。」

說完，我又後悔失言，忙把頭低下來。

「你的勇氣十足，你看我一直追你，你都不怕，只顧拼命逃跑；再有勇氣，豈不是要上天了嗎？」

說完，他自己先笑了。

這一夜，我不能再看下去了，只好唯校長之命是從，乖乖地爬上床去睡覺。

我也不知從那裏來的癮頭，在中學五年，我看了五百多本文學名著，有些印象淡的，連名字也忘了；印象深的，裏面的情節，到如今我還記得很清楚。校長爲了顧到我們的健康，就寢鈴一搖過，他就開始查房間；本來，這工作，是由一位管理員負責的，只因她太好，學生一點也不怕她，每逢考試來臨的時候，寢室的燈熄滅了，大家就到路燈下面去用功，看到她的影子走近了，馬上往廁所一躲便沒事了；後來校長知道這種情形，非常生氣，他說：「我要親自出馬，看你們還敢不敢出來？」

我在學校是個很守規則的學生；只是有一點使校長和數學老師傷腦筋：我太喜歡看小說了！

「李老師告訴我的，要使文章寫得好，就要多讀多寫，我不多吸收一些進去，拿什麼來寫呢？好比一個人不多吃，他怎麼長得大呢？」

有時我這幾句似通非通的理論，把老師逗得哈哈大笑起來。

在課堂上偷看小說，我想怕不止是我一個人，一定有許多人和我同志；可是，忍受着臭氣，整夜躲在厠所裏看小說，這種例子，恐怕不多吧？

又是另一個嚴重的晚上，校長來查寢室，他問室長我回來沒有？那位同學是個老實人，她不敢說謊，告訴他我不在寢室，於是校長開始到處尋找；凡是有燈光的地方都找到了，看不見我的影子；突然他靈機一動，馬上跑去廁所，只見我高高地坐在用一把椅子和一條圓凳子架起來的位置上，在那裏聚精會神地看書。他一走進來，嚇得我魂飛天外，差一點一個觔斗栽了下來！本來厠所裏的燈光，是非常黯淡的，大概只有五支光，又因吊得太高，所以非用凳子墊高，不能看見，那時候我的眼睛是視力最好的；可是現在不行了！唉！……

「不要害怕，我不處罰你，好好下來，不要跌倒了，讓我來看看你手裏的書。」

那柔和的聲音，恰像發自慈母的口中，我感動極了，連忙下來，把「悲慘世界」給他看。

「你看這些書，有心得嗎？」

校長偏着腦袋問我。

「多少有一點心得。」

「你說一說看。」

「譬如作者描寫當時社會的黑暗；把好人和壞人做一個對照；可憐的孩子，沒有人照應，不給他受教育，是會被惡人帶壞的……」

「你是說這本書的內容嗎？」

「是的」

「還有什麼呢？」

「還有，使我明白天下沒有不勞而獲的事，只要肯努力，一定有收穫的，許多世界有名的作家，都是從艱苦的環境裏奮鬥出來的。」

「你想成作家嗎？」

「不敢做這個夢。」

「那麼爲什麼這樣被小說迷住了呢？」

「那是因爲興趣的緣故。」

「好，這次又原諒你，下次不能再犯規，你知道我的個性比你還強，你不睡覺，我非把你制服不可！我寧可追到天亮，也不許有一個學生燈下夜偷讀。你要知道，健康是一個人的本錢，沒有本錢你用什麼去研究學問，發展事業；你們小孩子，只知道任性，不注重身體，這是要不得的！你們父母，把你們交給學校，學校就要負起責任；假使你生病了怎麼辦？」

「校長，我的身體很好，不會生病的。」

「哼！機器也有壞的時候，不要說人！不要嚕嚕了，快去睡吧。」

其實，天曉得！嚕嚕的是他，而不是我啊。

沒法，只好又乖乖地被他押解犯人似的把我趕進了寢室，從此偷讀不成，只好利用假日和課餘飯後來欣賞世界名著了。

熱菜

誰說學生生活是苦的？回憶起來，眞有無窮的樂趣，南面王也不如啊！

命運註定我一輩子要吃師範飯，中學、大學入的是師範，以後教的又是師範！老實說，民國十幾年的師範生，比現在的要舒服多了；每年冬夏二季有兩套制服發；每餐有六菜一湯，八人一桌，鷄、鴨、魚、肉餐餐都有；課本，筆記本，作文簿，講義，全部由學校發給，學生不花一文錢；過年過節，還要加菜。也許是正在成長的關係，我們那時的食量相當大，有時老師下課遲幾分鐘，我們還要去寢室拿碗筷，常常要躭誤時間。進了食堂，只見到得早的已經吃完，碗內的菜，所剩無幾了；我們後來的怎辦呢？只好把別人桌上的剩菜收攏來，倒在我們的菜碗裏，給厨房一個二十文的銅板，請他加一點猪油，加一些紅辣椒一熱，那滋味，其美無比，較之大飯館的酒席，好吃多了！我們往往一吃就是三四大碗飯，也不知從那裏來的食量，遇到有人笑我飯桶的時候，我總要回敬她一句：「豈敢，豈敢，彼此！彼此！」

雖然伙食並不壞；但我們很饞，常常在星期日和二、三同學跑去同鄉家裏揩油，算好快要吃飯的時候去拜訪，主人一定留我們吃飯，我們就半推半就地坐下來，幫她們擺碗、端菜、添飯；吃完之後，自動去抹桌子、洗碗；這樣一來，主人並不討厭我們，我們也像回到自己的家，得到一些溫暖。

剪辮子

「書呆子剪頭髮了！」

這是一件大新聞；書呆子指的是我。

眞的，誰也不曾料到，我會把頭髮剪掉的。

在幾個月前，我曾大聲疾呼地反對女子剪髮。我說：「身體髮膚，受之父母，不敢毀傷。」又說：「所有動物，都有雄雌之別，一個女人剪了頭髮，穿着短衫、長褲，與男人毫無區別，這成何體統？」很多同學贊成我這種說法，他們在壁報上寫文章響應我；特別是教國文的陳老師，他在我的文章旁邊，用雙圈圈得密密麻麻。一部分思想前進的同學，大罵我頑固，開倒車，思想落伍，時代的罪人。她們愈罵，我反對剪髮也愈厲害；後來經過我的二哥苦口婆心地勸了我好幾天，我有一點動搖了；但是好強的我，仍然不肯自己打嘴巴。

「不能！絕對不能！我已經寫過好幾篇文章了，我反對她們剪髮，怎麼又投降她們？幫我說話的那些同學，她們會痛罵我的！不能！我不能思想動搖，前後矛盾！」

我堅決地回答二哥。

「一個青年人，往往會感情用事，不論面對一個什麼問題，如果不經過再三思維，還是以少發表『謬論』爲是。例如剪髮，這是對於衛生、經濟時間都有好處的，你爲什麼要反對呢？一個較現實的問題擺在眼前：你們清早起來，至少要花費一刻鐘在梳頭上面，多麼浪費時間；假如把頭髮剪掉，只要一兩分鐘就梳好了，其餘的時間可以用來讀書，做別的事，你看多麼好？何況洗頭髮也省許多麻煩，又清潔，又美觀，一舉數得，你憑什麼反對它呢？」

我在二哥面前，事事只有認輸，儘管我會強詞奪理，胡說八道一陣；但究竟沒有充足的理由，是無法站得住腳的。

「不剪就是不剪，你總不能強迫我！」

我站起來想走，他一手把我拉住。

「一個人要有認錯精神，才能成就大事！古人所謂『人非聖人，孰能無過，過而能改，善莫大焉。』王陽明說：『人不貴無過，而貴於有過能改。』」

「我沒有過，我用不着改！」我打斷了二哥的話說。

我的氣，越來越大，二哥的聲音卻越來越柔和；也許眞是柔能克剛吧，我最後還是依從了他的勸告，三個月之後，我也剪髮了。

「用不着這麼痛哭流涕，如喪考妣；你如果實在捨不得你的大辮子，將來還可以把頭髮蓄起來。」

這是偉英的話，我至今還清楚地記得。

「一個人要有認錯的精神，才能成就大事。」

我更牢牢地記得二哥的話。我這一生不但沒有成就過大事，連小事也一無所成；然而我有認錯精神，這不能不感謝我二哥的賜予。

選自「作家」月刊第二期

投考軍校的回憶

寫在前面

去年旅美黃埔校友會成立的時候，校友們就談到出版校刊的事情。

「到時候，大姐，你一定要寫篇文章。」有位校友說。

「當然，沒有問題。」我回答。

不過關於女兵生活，在五十三年前，寫過一部分，像「從軍日記」、「女兵自傳」、「我的回憶」中都寫過，我不能做文抄公，把寫過的文章再炒冷飯，只好寫一點投考軍校的回憶，向校友們繳卷，還請多多指教。

一個驚人的招生廣告

民國十五年的秋天，一個氣候溫暖的早晨，我正在想：要不要去看二哥，敲他的竹槓，讓我打一次好牙祭？忽然聽到工友叫我的名字，我連忙跑出來問，「什麼事？」

「電話！電話！快去！快去！」

「岡猛子，趕快來！我有好消息告訴你。」

眞高興，從電話裏傳來二哥的聲音。

「什麼好消息？先告訴我嘛，好二哥。」

「不要嚕嗦，趕快坐洋車來，我付錢。」

一聽說好消息，二哥又答應替我開車錢，太高興了，於是眞的馬上叫了洋車向明德中學跑去。

「你看了今天大公報沒有？」

一進門，二哥就這樣問我。

「車錢，車錢，先給我車錢再說？」

我故意逗他，其實我早已打發車子走了。

他遞給我大公報上的廣告一看，原來是中央軍事政治學校（原黃埔軍校），第六期招收女生啟事。

「二哥，我要去當兵！」

「有這勇氣？」

「有！有！」

「不怕死嗎？」

「不怕！不怕！」

口裏答應著，眼睛在看廣告上的考試科目：英文、國文、數學、三民主義、政治常識、地理、歷史……名額兩百名。報考資格：高中或大學畢業，或肄業學生，具有三民主義民族思想、勇敢、愛國……可惜我沒有把當時的報紙留下，記得廣告的大意是如此，文字可能有出入。

「我的天，就去報名。」

「不要性急，讓我先考考你的思想和常識，這是你在報名的時候，他們就要問的。」

二哥一本正經地說：「你爲什麼來當兵？」

「第一，爲了國家民族，獻身國民革命；第二，爲了求男女平等……」

「哈哈；你原來是爲自己打算，還有第三嗎？」

「有，有，我不說了。」

正在這時，三哥進門來了。

「今天星期天，我特地早點出門，想邀罔猛子，（也不知什麼緣故，從什麼時候開始，三位哥哥都叫我猛子，大概因爲我的個性強，說話魯莽的關係。）來你這裏集合，我請你們去吃早點；打電話說她不在學校，我正在懷疑：這麼早，她到那裏去了呢？」

「三哥，我要從軍去了。」

我把手裏的報紙指給他看廣告。

「我也正爲這件事而來，罔猛子很容易衝動，凡事不仔細考慮。你想當兵，父母會答應嗎？」

「不答應也要去。」我堅決地說。

「二哥，你和她談過了嗎？」

「談過了，她去志已決。」

「我反對，罔猛子如果眞的去當兵，性情一定會變得很壞，將來不能作賢妻良母。」

「我和你的看法不同，我覺得她假如考取了軍校，對她只有好處，她這麼愛好文藝，正開始學習寫文章投稿，她去從軍，一定有不少新鮮的有意義的材料，可以充實她的生活，還可以鍛鍊她的身體……」

「二哥，你要知道，她學的是師範，明年暑假就要畢業去實習，當小學老師了，你贊成她去當兵，等於毀了她的前途。」

「不，不，我想這大好機會，正是幫助她創造美好前途。她在軍隊裏，一定會搜集不少可歌可泣的材料，對於她將來從事寫作，是大有幫助的。」

「我始終反對，如果爸爸和媽媽知道，還了得！」

三哥氣虎虎地說。

「爸爸不會反對，他曾教我讀木蘭辭，說她代父從軍，是個孝女，又會打仗。」

因爲有了二哥撐腰，我的膽子大起來了，敢和三哥辯論。

「好，我們現在先去吃飯，回頭再討論這個問題。」

二哥一面說，一面站起來準備走。

這天早晨，吃的燒餅油條、油豆腐、粉絲、豆漿，是什麼味道，我一點感覺不出來，充滿了腦中和心裏的，只是明天去報名，投考軍校的問題。

報名

眞沒有想到第二天朝會的時候，有外婆校長之稱的徐特立先生，突然訓話了，他把想要報名投考軍校的同學，痛罵一頓，他說：

「你們在師範學校讀書，不但養得你們有吃有喝，書籍、筆記本，都是公家發的，每年還有兩套制服，冬天灰色，夏天白色，每月還有兩塊錢零用，你們比在家裏吃的還好！國家爲什麼要這樣優待你們，完全爲了要你們畢業之後終身獻給教育，培養幼苗出來！如今你們因爲好奇要去當兵，誰來做幼稚生、小學生的老師呢？」

（校長在臺上訓話時，下面有兩位同學悄悄地說：又不是全體去從軍，有什麼關係？難道革命不比教育更重要嗎？）

「我並不反對你們去投考報名，但是我要警告你們，考不取的，是絕對不准再回學校的，那時候，就得你們自己找出路。」——當然囉！

我幾乎要大聲說出來。

朝會完了，大家議論紛紛，膽子小的就開始動搖了，我和翔霄姪，還有四位同學，決定第二天去報名。

「考不取，我們去當勤務兵總可以吧？萬一不行，我們去投考普通中學！至於錢的問題，到時再說，走一步，算一步，天無絕人之路，我們要勇敢奮鬥才行！」

我好像在講演似的，她們五個人都不住地點頭說：

「好，明天我們一塊兒去報名。」

眞沒想到我們六個人都考上了，有一位大家叫她「鐵大姐」的，(原名周鐵忠) 眞出乎我們意料之外。她的程度很低，一筆歪歪斜斜的字，和小學二、三年級的學生程度一樣，誰也不懂她是怎樣考進來的，一進學校，就當了學生會的主席，說起話來，聲音很粗，像男人，開口打倒軍閥，消滅帝國主義，閉口完成國民革命，實現世界大同。幾年之後，才知道她是徐特立保送進來的，原來他們很早就是共黨同志了。

* * *

天下有多少事情不可預料，我考取了軍校，正在萬分高興的時候，不料還沒有進學校，就被開除了。

事情經過是這樣的：

在長沙投考的人數，共有三千多人，他們本來規定只錄取男生一百名，女生二十名，後來經全體考生請求增加名額，取了男生二百名，女生五十名；不料到了武漢要舉行複試，淘汰一百五十名。大家聽了這個消息，一致反對，因爲我們都是下了最大決心，犧牲家庭，犧牲學業，甚至要犧牲生命，來投考軍校的；如今考取了，嫌我們湖南人太多，要想法淘汰，眞是豈有此理！革命是全國男女老幼的事，參加的人越多越好，於是大家起來反對，立刻推舉十個代表出來，向校方請願。起初有人提議，男女各半；後來很多人反對，因爲男生比女生多好幾倍，改爲男生八人，女生兩人爲代表。不知什麼人提議鐵大姐和我兩人代表女生，我極力反對，沒有人聽我的話，全體鼓掌，一致通過。

唉！誰知道惡運來到，十個倒楣鬼去請願，統統被開除。

這時候，幸虧二哥來武昌接洽政治部工作，我去找他，見面先流淚，他連忙安慰我：

「岡猛子，不要難過，你還有一個機會參加考試的；不過你要改名字，改籍貫去考，這是從北方各省來的一批，他們的程度比南方學生低，因爲受軍閥的壓迫，不敢看三民主義一類的書，你們都看過，我相信你一定會錄取。」

「我改個什麼名字呢？」

我擦乾了眼淚問。

「冰瑩，你前次報名是鳴岡，是用的學名，現在用筆名，他不會知道是一個人。」

「籍貫呢？」

「北平。」

「可是我不會說北平話。」

「傻瓜，你不會說你生在湖南嗎？」

「呵，不可以！不可以！他們要對相片的。」

「前次你的相片如果是正面，這次用側面；前次是側面，這次就用正面；不要穿同樣的衣服，就看不出來了。」

沒想到這麼老實的二哥，會教給他的妹妹說謊，我一面諷刺他，一面暗地裏高興。第二天，我眞的去照了一張側面像，去報了「謝冰瑩，北平人，女師大附中肄業」。報名時，要對相片，那個中年人左看右看，他很懷疑，首先問我：

「你該不是冒稱北平吧？爲什麼說的完全是長沙話？」

「我爸爸在長沙做事二十多年了，我們兄妹都只會說長沙話，我是在長沙出生的。」

「我好像看見過從長沙來的一個女孩子被開除了，你很像她，是不是你又化名來考？」

「那怎麼會？世界上長得相像的人很多。她既然被開除，還敢化名來考嗎？難道她不怕第二次開除！」

我口裏雖然這樣說著，其實心裏早就在發抖了。

* * *

好像做夢似的，發榜那天，我從最後一個看起，順著向前看，還有二、三十個名字，我懶得看了，只聽得譚浩郁在叫我：

「嗚姊，嗚姊，恭喜你，考了一個狀元，第一名！第一名！」

「不要胡說，開什麼玩笑嘛！」

我很生氣地走開，她把我拖回來看榜。

果然是第一名，我眞有點不相信自己的眼睛。

過了半個月，由閱卷的先生們傳出來許多笑話：

問：「何謂三民主義？」

答：農民、工人、商人。

問：何謂施政三時期？

答：春、夏、秋。

問：何謂五胡亂華？

答：酒壺、茶壺、便壺，……

還有幾個有趣的問答，我記不起來了。

一點感想

前年我回臺灣，曾參加軍校六期同學的理監事聯誼會和聚餐會，談到女同學的問題，感慨很多。我們當時兩百多人，如今已煙消雲散，不知還有多少活在人間？最令我們傷心的是：在臺灣的「黃埔」月刊，連女生隊三個字，從沒有人提及過。半個世紀，就忘記得乾乾淨淨，也許百年以後，更沒有人知道什麼叫北伐了。

唉！什麼是歷史？什麼是革命？看樣子，我們還要學黎東方先生的方法，來一部：

細說民國，

細說北伐了。

六十九年三月二十九日於舊金山潛齋

北伐時代的女兵生活

一、好女要當兵

民國初年，社會上流行着一句口頭禪：「好鐵不打釘，好男不當兵。」也許這是受了軍閥的影響，老百姓一看見穿軍裝的，比見了老虎還要害怕。在他們的腦海裏，以爲兵是無情的、殘忍的，可以任意欺壓老百姓，剝削老百姓的；因此他們恨軍人，害怕軍人，絕對不許他們的兒子去從軍，更不要說女兒了！

民國十五年（一九二六）的秋天，忽然在報紙上發現一個驚人的中央軍校招考女生的廣告，它像吸鐵石似的把千萬少女的心吸住了！

「女人可以去當兵，難道是眞的嗎？」

「古時候只有木蘭從軍的傳說，沈雲英、秦良玉她們率兵作戰的記錄，那只是少數特殊的例子，如今是眞的公開招收女兵，到底時代不同了！」

「我一定先報名，是我們婦女揚眉吐氣的時候了！」

「封建思想的鎖鍊可以扭斷了！」

「哼！俗語說好男不當兵，你是個女人也想去當兵，太不成體統了！」

「什麼體統，中央軍校就是黃埔軍校，是偉大的　孫總理創辦的，校長是　蔣中正先生，這是最有革命性的學校，爲什麼我們不能去投考？」

「好！你去！你去！你想去出風頭，將來看結果吧，一定身敗名裂，給社會人士罵得狗血噴頭……」

「哼！革命軍人連生命都要犧牲，難道還怕挨罵嗎？」

這是我們在長沙稻田師範的寢室裏和幾位同學的辯論，最後我們要去當兵的同學聯合在一塊高喊着「好鐵才打釘，好女要當兵」的口號，把那幾位反對老頑固，氣得連話都說不出來了。

二、反對淘汰

革命的警鐘響了，時代的洪流，滾滾地向前流去，過去受軍閥、土豪劣紳的壓迫，過着暗無天日的生活，如今是我們抬頭的時候了！青年男女們像瘋狂了似的湧向報名的地方，大概有三千多人報名，經過考試後取了二百五十。到了武昌，誰知道招生處臨時宣佈，說人數太多，不能容納，再要經過一次覆試，要淘汰一百五十人。這眞是一個晴天霹靂，大家都咆哮起來：

「豈有此理，革命的隊伍不怕多，只嫌少，我們都是經過考試的，絕對不能淘汰！我們反對覆試，我們要進軍校！」

於是連夜開會，推舉代表，第二天去請願。我們這一羣初出茅廬的青年，一點也不了解軍隊的紀律，並不像文學校那樣的自由，有商量餘地；所謂軍令如山，眞是一點不錯。結果，派去請願的十個代表，在一張佈告上宣佈開除了！我也是其中之一。

這時候，我的懊惱、痛苦、失望、傷心，眞是不能以言語文字形容，我哭喪着臉去找二哥，他那時在第四軍第十師擔任機要秘書。

「怎麼辦？二哥，我的前途完了！一切完了！」

我把經過情形詳細地說給他聽了之後，竟說出最後絕望的話來，我的眼淚忍不住奪眶而出，也不用手帕擦它，讓它流個痛快。

「不要傷心，過去的，就讓它過去好了；反正無法挽回；最要緊的是抓住目前的機會，趕快改個名字，再去報名參加北方籍的學生重考。」

眞是天無絕人之路，我生平第一次做了一件犯法的事，冒了個北平的籍貫，以我投稿的筆名代替了父親爲我取的學名，我眞的又被錄取了；而且是第一名，這使我太高興了！

三、女兵的生活

我們第六期的男女學生，都被分配住在武昌的兩湖書院。我們完全像新兵入營一樣，要經過三個月的入伍訓練。在這九十天裏面，任何人不許請假外出，家屬親友來探視的，規定會客時間，過時便有值星官來到會客室下逐客令，一點也不能通融。

我們在入伍的當天，每個人都由隊上預備好的理髮師，把我們的頭髮，剪得像現在男人的「西裝頭」一樣短，有好幾位小姐，雙手捧着她的又黑又長的烏絲，傷心地哭了。

「哭什麼？你們從今天開始，已許身國家，將來生命都要爲國犧牲，何況這一條辮子？」指導員這麼一說，她們眞的破涕爲笑了。

我們都脫下了女兒裝，換上了戰時袍，連汗衫短褲甚至草紙都是學校供給的。這種軍服分爲大號、中號兩種，並不是量過身材才做的。有的高大個子，領着中號的，穿在身上又短又小；有的矮而瘦的人，穿着一身大號的，活像個唱木頭戲裏的人一樣，誰見了，都會哈哈大笑；尤其惹人笑的，是有些像斗笠一般的帽子，戴上去，連眼睛都遮住了，指導員叫她們去換一頂小的，有幾位故意不換，她們要引人發笑，像戲臺上的小丑似的，別人笑得連眼淚都流出來了，她們卻若無其事地望着你發呆，裝出傻里傻氣的樣子。

＊ ＊ ＊

「打的打達，達的達打，達打達的，的打打達……」

只要起床號一吹，我們立刻從床上跳下來把衣服穿上，綁腿打妥，鞋子穿好，帽子戴上，就跑去操場整隊集合。

提到打綁腿，是我們感到最傷腦筋的事情，打的太緊肌肉脹痛，走起路來不方便；稍為鬆一點，就會溜下來，要打的不緊不鬆，恰到好處，而且那些像筍殼葉似的褶子，要均勻美觀，距離要一樣，不可亂七八糟。在這一方面，我是不如人的，連內務也整理得不好，常常挨連長和指導員的罵。我們的生活，緊張到了極點，從早五點半起床開始，一直到晚上九點半上床睡覺，簡直沒有休息的時間。每天八堂課，四節學科，四節術科，還有演講，聽訓，討論，擦槍……

奇怪，我們的生活，儘管這麼緊張，這麼忙碌；可是很少有生病的。平時嬌生慣養的小姐，一來到這裏，都改換了氣質，都能吃苦耐勞了。憑心而論，我們那時候，吃得很好，六人一桌，每餐有四菜一湯，有魚有肉，營養豐富，到了打起牙祭來時，更有吃不完的菜剩下來；不過我們穿的是灰布軍裝，黑紗襪子，草鞋。天天要操步槍，槍是那麼笨重，比我們的個子還要高，有些裹過小腳的，跑起步來，簡直活受罪；我也是受罪者之一；只因爲我放開的早，所以沒有受多大影響，跑起路來仍然很快。

「一——一二一，一二三四，跑步！」只要一聽到這聲口令，便要天下大亂了！因爲有的跑得快，有的跑得慢；結果，連長叫那些跑得慢的站到最後，經常她們是和我們脫節的。

＊　＊　＊

經過了三個月嚴格的訓練之後，我們每個星期日可以出外看電影，買東西，探視親友；但因爲看女兵的人太多，我們絕對不敢一個人出外，至少總有三、四個人在一道；也很少去看電影，有時逛書店，有時去黃鶴樓、抱冰堂、蛇山玩玩；或者跑去吃一碗有名的謙記牛肉。

「革命者，不流淚，只流血！」

一塊大紅的布上，用白粉寫着這九個觸目驚心的字，這是在所有標語裏面，最能使我們永記不忘的警語。

北伐成功以後，女生隊雖然被解散了，至今只剩下一個歷史上的名詞：然而她們的精神是永遠存在，後來「一二八」、「七七」、「八一三」幾次抗日戰爭接連發生之後，不知有多少婦女請纓殺敵。她們都心甘情願地拋棄舒服的家庭生活，學校生活，跑去前線參加各種戰地服務；到今天反共復國的時代，婦女參加軍中工作，更是不可勝數。她們認清了救國不分男女老幼；認清了想要與男子平等，並不是爭權利，而是應該在義務上爭平等。北伐時代，女生隊給與國家社會的影響，是很大很大的！

選自「藝文誌」月刊

血肉鋪成的勝利路

——抗戰時的我

中華民國二十六年（一九三七）七月七日蘆溝橋事變，點燃了中國對日抗戰的聖火，繼續了八年多。這是我國空前絕後的大戰，軍民的死傷，無法統計確定數目。這是一次驚天動地，轟動全世界的戰爭，是喪心病狂的日本帝國主義者，有野心想要繼續以往累次侵略中國的經驗，從佔領東北四省之後，進而妄想一鼓作氣，消滅我們有五千餘年光榮歷史的中華民族；他傾全日本的人力、財力、物力，動員海、陸、空軍和婦女，來侵略我們，不論前線、後方，我國死在他們飛機大炮之下的男女老幼，不計其數。這場浩刼，只有六十歲以上的人，才記得清楚；七十歲以上的人，才身受抗戰期中的種種痛苦：有的在槍林彈雨中爲保衛祖國受傷，至今成爲殘疾；有的人在前方，家人已被炸死，甚至有全家大小無一倖存的；至於所有全國民衆，在前後方以及淪陷區，所受的種種摧殘、壓迫，生活的窮困，眞是無法一一描述。

冰瑩雖是一個弱女子，抗戰那年，正遇母親去世，悲傷過度，身體大受影響；然而爲了國仇私恨（我曾於民國二十五年四月十二日在東京被日本警察捕去監禁三星期，曾受各種苦刑及侮辱），辭別了正在病中的老父，獨自赴長沙，組織「湖南婦女戰地服務團」，隨第四軍吳奇偉將軍部隊上前方，爲負傷將士服務，於二十六年九月十四日由長沙乘火車出發，送行者有孫伏園、陳惟中、席徵庸、楊濟時、李瑞林、林美珍……諸位先生女士，和許多親友。當時參加服務團的有：羅佩蘭、傅恩萍、周衡、蕭喜英、曹重誨、彭菱娟、彭慶齡、戴雯、王雁虹、王少雲、曹澤南、歐陽岑澈、林方、劉慶雲、顧虹、田志俊，後來由上海蘇州加入的是：袁芝英、張咏芬、羅雲錦、章若霧、嚴超（她受過警察訓練）、吳人傑（蘇州博習醫院護士），還有兩位，我怎麼也想不起她們的名字來了，眞對不起她們。

今天我把她們的名字寫出來的原因，是希望她們本人，或者她們的親友看到這篇拙作，請給我來函，告訴我她們的地址及近況，我要給她寫信。

自從二十六年在東戰場前線失去連絡以後，我常常懷念她們，在夢裏偶然見到，醒來總是流淚不止，因爲我聽說她們之中，有人參加游擊隊，早已成爲烈士；有人在撤退的時候，敵人在後面追趕，她們深恐被俘受辱，就在樹上吊死了。這兩個消息，四十多年來，無時不在我的腦海中痛苦縈繞；還有一位男同志常子春，他是我們服務團唯一的異性。在長沙時，我就認識他，有一天，他在報上看到我要組團上前線的消息，特地從他的家鄉衡陽趕來參加，當時我無論如何不答應，他一定要作我的勤務兵，還說了一句這樣的話：「你不能阻止我愛國；何況你們都是女性，有什麼笨重的行李，你們挑不動時，我就可以派上用場了。」

　　這幾句話感動了我，立刻答應他去。後來果然應了他的話，幸虧有他幫忙，替我們解決了許多困難問題。

　　最近，我正整理總名爲「抗戰日記」的稿子，收集在裏面的資料，分爲三部份：「抗戰日記」，原名「新從軍日記」，由漢口天馬書店出版，我沒有拿過一文稿費或版稅；而且連書都只有一本，後來，不知被誰拿去了，直到前年，承師大校友王明生女士的協助（她在史丹佛大學胡佛圖書館服務）借到十本我早年的小說、散文以及抗戰時期的幾本小冊子——「在火線上」、「軍中隨筆」、「第五戰區巡禮」、「冰瑩抗戰文選集」、「新從軍日記」；可惜「梅子姑娘」和「戰士的手」找不到了；還有我認爲比較重要的幾篇文章，例如「戰士的手」、「裸體殺敵的戰士」、「兩個小鬼」（參謀長送給我的兩個小勤務兵）、「我們是怎樣消耗敵人子彈的」、「敵軍在鄂東淪陷區的暴行」、「魔鬼統治下的武漢」（分上下兩篇，發表於武漢日報）、「戰地歸鴻」等，如今都找不到了。

第二部份資料，「第五戰區巡禮」，包括臺兒莊勝利前後的報導作品。

第三部份，也是我第三次上前線的日記——那是後方勤務部，和基督教負傷將士服務協會合辦的傷兵招待所。負總責的是范定九先生，總會辦事處設在重慶，首先登報招考有志赴前方爲負傷將士服務的大專或高中男女學生若干名，錄取後，集中宜昌訓練一個月，即分發沿公路設立傷兵招待所服務。主持訓練團的爲賈伊箴先生。

我參加這服務團，是因爲由東戰場退下來以後，內心鬱鬱不樂，沒有看到消滅日本鬼子，總覺得不甘心，時刻都想再上前線。回到重慶，我爲教育部寫了「毛知事從軍」等五篇通俗小說，還替新民報編了幾月的副刊——「血潮」。

爲了要實現我上前方的志願，自動去找范定九先生，他那時正愁考取的女生，沒有人率領指導，於是就很高興地將十二名女生，由我帶到宜昌參加受訓。功課方面，包括救護常識、宣傳工作、防護常識、口頭宣傳、文字宣傳（壁報標語、漫畫等）、國際現勢、國內現狀、敵情分析等。

我的日記，六十年來，都不間斷的；可惜曾在金城江被賊偷走一本，在老河口被強盜搶去一本，這些都沒有辦法補寫了。

為了便於裝在軍裝口袋裏，所以我用的是那種三寸長，兩寸寬的小本子寫日記，有時在防空壕，或者戰地、船上、車上，任何地方，只要有時間，一坐下來，就可靠着膝蓋寫。那時候，我的眼睛很好，寫的字像綠豆那麼大，有時很潦草，現在要我一天天抄下來，在目前實在辦不到，這並不是我偷懶，而是因為眼睛流淚的關係。

寫到這裏我要特別感謝瘂弦先生，他從臺北打來長途電話，問我抗戰時間出版了那幾部作品，他在聯合報上寫了這件事；還要感謝趙滋蕃先生，他在中央日報副刊上，也曾提到幾本拙作，引起了好幾位朋友的關懷，來信問我，為什麼不再版？這時我才想起抗戰期間，記將士們犧牲生命的寶貴資料，為什麼我不再版？讓五、六十歲以下的中年、青年朋友，了解一些當年的重要歷史，也算替國家盡了一點微薄的責任。

第三次上前線。我沒有把日記抄下來，原因在前面說過，字跡太小，我看不清楚，加之在第五戰區、第一戰區工作不久，我就到西安主編「黃河」文藝月刊去了，所以這時期的工作，遠不如在東戰場的緊張、有成績。

另外，還有兩篇文章：「抗戰期中的婦女訓練問題」和「怎樣發動廣大的婦女參加抗戰」，考慮了很久，究竟應不應該算在裏面？最後我想到中國的許多婦女問題、兒童問題，仍然存在，我這一得之愚，也可獻給正在從事婦運工作的朋友。拋磚引玉，希望專家多多指正。

當我花了兩個多月的功夫，整理這部稿子，我是非常痛苦的。我一個字、一個字地讀下去的時候，眼前彷彿躺着那些受傷的將士，血肉模糊，慘不忍覩；耳朵裏，彷彿聽到他們呻吟；我曾多次放下筆來流淚，我的情緒在變化，有時傷心，有時高興，有時痛恨日本鬼，爲什麼我們的先總統要以德報怨，不討回他們的血債？八年多苦戰，我們的損失太大了，至今回憶起來，猶有餘恨！

至於高興，是我有幸參與了這次偉大而神聖的抗戰，雖然我獻出的力量，是那麼微弱得可憐；但比起在後方挨敵機轟炸的同胞來，我究竟幸運多了。

這些在前方的菜油燈下，或者是野戰醫院、防空洞裏寫成的報導文字，沒有時間去推敲詞句，文字的拙劣、直率，可想而知；但是朋友，這些是抗戰將士和前後方所有受難同胞的血肉所換來的材料，是值得我們永遠紀念，特別珍惜的。

中華民國七十年青年節

寫於舊金山潛齋

抗戰時期的婦女生活

寫在前面

記得是三星期以前的一天下午，有位陌生小姐來訪，我請她在書房坐，因爲當時客廳裏還有兩位朋友在和外子談話。

她一坐下，就開門見山地說：

「謝老師，我很冒昧，沒有先給您電話，就來打擾，請您爲我們『遠東人』寫篇文章。」

「『遠東人』是個什麼性質的刊物？什麼時候出書的？我怎麼沒有見過啊？」

「是最近將要出版的一個綜合性刊物，下次一定爲您送來。」

我一聽寫文章，等於私塾學生聽到老師叫他背書一般害怕；我將每天去醫院爲傷腿做物理治療的事告訴她，並說，我已經兩年多不寫稿了，請她原諒我暫時不能幫忙。

「我想請您寫些抗戰時期的婦女生活，那時候她們的日子是多麼艱難；而現在的婦女，生活實在過得太好、太優裕了，應該提醒大家，在這時候不要那麼只管享受，愛虛榮了。謝老師，請您答應我吧，這篇文章由您來寫非常適合，因爲您在前線、後方都工作過，不要推辭，我們等著拜讀您的大作。」

她的話使我無法一口拒絕，何況她的出發點是很好的，我沒有理由說我不知道抗戰中的婦女生活，只好借病來推辭，答應她病好後一定寫；可是她拉稿的本領眞大，一連三顧寒舍，非要我答應繳卷不可，最後只有勉強點頭，她這才高高興興地走了。

抗戰期中的家庭婦女和職業婦女

談到戰時的婦女生活，長則可以寫成一本十餘萬字的書，短則兩三千字也可簡單地介紹一下，爲了我實在沒有寫作的心情，一天到晚爲了右腿不能自由行動而感到苦惱、心焦，如今拿起筆來，有如千鈞之重，不知從何說起，只好想到那裏，就寫到那裏吧。

戰時的家庭婦女，有兩件大事是使她們最傷腦筋的，第一是躲警報；第二、每天晚上要撿八寶米。

我眞羨慕我們住在臺灣的同胞，生活過得太舒服了，二十多年來沒有戰事，沒有聽過炮聲（金馬前線例外），沒有躲過警報，過著自由、安樂的生活。抗戰期間的婦女，一聽到空襲警報，立刻抱著包袱，或者提著小箱子，拖兒帶女奔向防空洞，有時敵機在天空盤旋一兩小時；有時，解除警報響過不久，人們還沒有回到家，接著緊急警報又叫了，這一叫，不知敵人會丟下多少炸彈，炸死多少無辜的民眾。

做主婦的最苦了，她要顧到丈夫兒女的衣食，戰時的軍、公、教人員的待遇是很苦的，她如何運用這微薄的收入，維持一家大小的飲食，是非常傷腦筋的，現在且談談吃吧。

沒有在戰時生活過的人，他一定想像不到那時主婦們每天晚上一件最苦惱的工作是撿八寶米。什麼是八寶米呢？原來那時我們吃的米，既不是蓬萊米，也不是在來米，而是一種米中滲了八種東西的糙米，那八種呢？沙子、穀子、稗子、石頭、米蟲、土、老鼠屎、其他。

也許米裏面不一定含有這八種東西，但大家都叫吃八寶飯。回憶在成都時，我們請來一位女工，第一天試工，吃完了晚飯，她就想出去會朋友，我把米端出來對她說：

「慢點走，請你撿完米之後再去好嗎？」

「呵，原來太太也是吃八寶飯的。」

她冷笑一聲就走了，第二天，就再也看不見她的影子了。

談起這段生活來，我有無限的感慨：在成都兩年，我過著最艱苦的生活，出去教書，回來兼做下女。女兒生下才兩天，臨時女工就走了。還好，她不像以前的兩個，一個偷了新買的水壺，一個偷了個水煙袋走了；她沒有偷，只說侍候產婦太麻煩，她不願意，只好一切由我自己來。外子整天忙著剛復校不久的燕大功課、校務，回到家來，又要幫我哄三歲的兒子，爲初生的女兒洗澡換尿布。

那時候的家庭婦女，有很多身兼職業婦女的，她們的忙碌與辛勞可想而知。自己身上穿的一件陰丹士林布的旗袍，算是高級服裝了，非但沒有見過尼龍絲襪，蓋過尼龍被；而且連任何化裝品都沒有用過。她們是這樣樸素，晚上在黯淡的燈光下爲兒女縫襪底，補衣裳，爲丈夫和孩子洗衣、叠被，準備明天的早點、午餐。

縫襪底這工作，在臺灣的年輕太太小姐們是想像不出怎麼回事的。原來不論大人和小孩穿的襪子，最容易破爛的是襪底。聰明的主婦，就把新買回來的襪子，從底下剪開，翻上來做邊，然後另外做一雙多層的襪底縫上去，後根也要上個襪幫子。這樣，一雙可頂兩三雙穿；現在的太太們，家裏多半有洗衣機、冰箱、電視機，穿的是高跟鞋、褲襪，指甲上、腳趾上也塗著鮮紅的蔻丹；還喜歡用高級的化裝品，穿華麗的衣服，滿身打扮得花枝招展，珠光寶氣，和抗戰期間的婦女比較起來，簡直是兩個世界裏的人物。

戰時的婦女沒有一點虛榮心，她們堅守家庭主婦或職業婦女的崗位，忠心耿耿地爲家庭爲社會盡一己之能力，努力工作，忍受一切戰時的艱苦。在她們的腦子裏，只有一個信念：「犧牲一切，爭取抗戰勝利。」

好不容易熬過了八年多，日本軍閥終於向我們投降了，眞理和正義，終於獲得了最後的勝利。這是意料中的事，也是用全國無數烈士的鮮血和頭顱，以及全國同胞流血流汗，奮鬪犧牲得來的結果。唉！誰又料到，勝利的微笑，剛剛浮現在每個人的臉上，而共匪的鐵蹄，又踏碎了我們的美夢，從此又開始了逃亡、流浪的生活；從此七億同胞被關在鐵幕中失去了自由！

女學生

短短清湯掛麵的頭髮，夏天，雪白的制服，青色的布裙、短襪、球鞋，活躍在操場上，埋頭苦讀於教室裏；下午放學回家，還要幫著母親做家事，帶弟妹；或者身兼家庭教師，爲弟妹補習功課。遇到警報來時，她們口袋裏裝著教科書，在轟炸下不忘讀書，讀書不忘救國。在廣西桂林，七星岩洞內，做了戰時的大教室，每次躲警報，就在那裏面上課，可以容納一萬多人。四川重慶曾經遭受三天三夜的大轟炸，被炸死的與埋在防空洞裏的，以萬以千計，到處是死屍，到處充滿了哭聲，醫院裏躺滿了受傷的人，醫生護士忙得團團轉。每個中學生都接受軍事管理，男生受軍訓，女生受看護訓練，她們經常都參加救護工作。那時候，沒有迷你裙、迷地裙、熱褲，也沒有電視，更沒有歌廳、舞廳、夜總會、觀光飯店。那時的女學生，思想非常單純，沒有物質的誘惑，更沒有虛榮心，她們從來沒有見過奇裝異服，更沒有施粉畫眉，和男朋友去參加什麼舞會的。她們讀書的目的，純粹在充實自己，爲讀書而讀書，不是把文憑當嫁粧。大學畢業後，也不想出洋，不像現在的大學生，大多數都想留學，不管西洋、東洋，只要一想到出國，便眉飛色舞，那怕借錢、賣房子也在所不惜。

那時的女學生，也有參加演劇，組織歌唱隊的；但她們從來沒有唱過一首靡靡之音，她們所唱的是悲壯、雄偉、慷慨激昂的愛國歌曲，郎靜山先生的女公子毓秀小姐，一曲「杯酒高歌」，不知風靡了多少青年男女；唱起「流亡三部曲」，唱來令人傷心、悲憤；「黃河大合唱」、「長城謠」、「犧牲已到最後關頭」這些歌曲，沒有一個不愛唱，沒有一個不愛聽，更沒有一個不想參加打倒日本帝國主義戰鬥行列的。

她們不像現在一些女生，讀中學時代就開始交男朋友，講戀愛，穿嬉皮裝，走歌星舞女的路。

在戰時，我只教過兩年書，那些可愛的男女孩子的印象，深深地留在我的腦子裏，他們是那麼純潔、良善、樸素、勇敢、愛國，夏錦鍔和朱萬珍兩位女生也來臺灣了，現在她們兩人都已兒女成羣，快做祖母了，我們見面，總是懷念著有「小北平」之稱的成都生活，和那些生龍活虎般的可愛青年。每當她們唱起「大刀向鬼子們的頭上砍去」的時候，眞要使天地都震動呢。

越回想，越覺得抗戰期間的生活有意義，充滿了快樂和希望。儘管吃的是八寶飯、青菜豆腐，把肉當作葱薑，每樣菜裏放一點點來點綴點綴，很少有人買一斤兩斤肉的，大多數的主婦只能買半斤四兩。住在鄉下的，更是自己養猪、餵鷄、種菜。那時沒有冰箱，住在城裏的主婦，必須每天上菜市，絕大多數，都是安步當車，因爲公共汽車有限得很，不像臺北，車輛往來如梭；加上計程車，主婦們更方便了。

她們住在矮小的平房裏，不像臺北的公寓洋樓，高聳雲霄，住在裏面的人，很多有電梯，還有看門的；更有花園新城、別墅、豪華公寓、皇帝花園之類，處處在誘惑你，使你夢想著自己也需有一棟，或者一層，於是拼命賺錢；甚至有少數不擇手段，爲了享受，不惜損人利己，幹出貪污犯法的勾當出來。

那時候，流行兩句俗話：「笑爛不笑補，笑娼不笑貧。」主婦們不但替丈夫兒女做鞋子、補衣裳，自己也敢穿著長改短、大改小的舊衣服出門應酬，不像現在的社會奢侈、豪華，反而笑貧不笑娼，祇重衣冠不重人了！這實在太令人傷心感慨呵！

「現在的婦女太享福了，一個中等家庭，一切都電氣化了，做飯有自動點火瓦斯爐，用不著劈柴生火、燒木炭、煤球；有冰箱，用不著天天上市場買菜；有洗衣機，玉手可以保持細滑柔輭，何況還有各種化裝品保護她。坐下來有電視節目可看，出外郊遊，還可帶著電晶體收音機，隨時隨地可以聽到悅耳的音樂。她們用不著縫衣服、補襪子，剩下那許多時間做什麼呢？」

有一天，幾個朋友在舍下聊天，張先生問。

「打麻將呀，出去買股票呀，逛街呀，看電影、聽歌、串門子……有的是打發時間的方法，你不用替她們躭憂。」李太太回答說。

其實，這只是一小部份太太們的生活而已，大多數的家庭婦女都是克勤克儉，相夫教子的，不過比起抗戰時期的婦女勤勞節儉，任勞任怨，以吃苦安貧爲美德來，未免有小巫見大巫之感了。

歷史上的兩位英雄

「女兵」在中國歷史上，可說由來已久，傳說中的花木蘭代父從軍開始，到明朝的沈雲英游擊將軍，以及總兵官秦良玉，都是歷史上赫赫有名的人物。這裏我想用最經濟的文字，簡單地介紹一下這兩位女英豪的事蹟，使現代女性對這兩位巾幗英雄有所認識，從而效法她們，那就眞的達到「拋磚引玉」的目的了。

沈雲英是明朝蕭山人，自幼聰慧過人，寫得一手好字，通經史，精於騎射。父親沈至緒，當時是道州的守備，爲討伐張逆獻忠，戰死陣地，雲英率領騎兵，向敵衝鋒，奪回失地，把父親的屍體負回來。皇上見她忠孝兩全，大爲贊賞，封她爲游擊將軍，繼續父親的職位，防守道州。

不幸的事又發生了，她的夫君賈萬策戰死荆州，雲英傷心地辭去皇上詔命，扶著丈夫靈柩，歸隱田園。

比沈雲英更有名氣的是秦良玉，也是明朝人，生於忠州，字貞素，爲名將秦葵之女，石砫宣撫史馬千乘的夫人。她聰明、勇敢，長於詩詞翰墨，記憶力特別強，幼通經史，過目不忘。她有嫻雅貞靜的風度，熱烈愛國的情操，自幼隨父讀聖賢書，便心懷「先天下之憂而憂，後天下之樂而樂」的壯志。她的騎射技術，非常高明，百發百中，從小父親就喜歡她，說她將來一定是個女英雄，後來眞的應了她父親的話，做了都督僉事、總兵官。

當萬曆年間，馬千乘在播州征討叛將楊應龍的時候，他率領三千兵馬，良玉率領五百精兵，自備糧草，與副將周國柱浩浩蕩蕩地踏上征途。出發之前，丈夫怕她受不了那種登山涉水之苦，勸她不要冒險從軍，她理直氣壯地回答丈夫：

「我秦良玉雖然是個弱女子，可是天下興亡，匹夫有責，難道匹婦就可以坐視國亡？何況我們兩人的愛情永固，生死不移，萬一你爲國犧牲了，我要馬上接替你的職位，領兵作戰，假如我先死了，用不著說，你一定會更加奮勇殺敵，爲我復仇的！」

後來馬千乘不幸遭奸人陷害，寃死獄中；但秦良玉仍然帶領著兄弟和兒子衛國保民，爲討伐張獻忠而受盡千辛萬苦。她雖然因爲年老了，沒有死在戰場，可是她的哥哥秦邦屏、兒子馬祥麟、媳婦張鳳儀，都爲國壯烈地犧牲了！

秦良玉的戰功，比沈雲英的更大，但兩人都是一樣地愛國，不讓鬚眉，一樣地永遠被國人崇敬，她們是我國女兵的先鋒。

北伐時代的女兵

這是中華民國有史以來，第一次正式有女兵，也是中華民族五千多年來，眞正開始男女平等。

當我與同學們，在報上看到中央軍事政治學校第六期招收女生的廣告時，簡直高興得快要發狂了！我們馬上集體去報名。那時我們的校長大大地反對，他公開地大罵：「好鐵不打釘，好男不當兵，如今，女人也想去當兵，眞是太不像話了！如果有誰不聽勸告，眞的要去當兵，學校就開除她們，永遠不許她們復學。」

他這段話不說還好，一說，更使我們下定決心，卽使考不取，一輩子沒有學校進，我們也不後悔，何況我們爲了愛國，爲了參加國民革命，打倒軍閥、列強，是最有意義的工作，我們連死都不怕，難道還怕開除嗎？

第一次在長沙招生，錄取了二百五十人，女生佔了三分之一，可惜到了武漢，又經過覆試，把我們淘汰成女生只剩二十多名。在整個女生隊兩百多人中，全國二十二行省都有女生來投考，連蒙古、新疆、察哈爾都有女生，有母女同時入伍的，有嬌滴滴的小姐兵，也有裹過小腳的太太兵。那一段有趣味、有意義、有價值的女兵生活，在拙作「從軍日記」、「女兵自傳」以及「我的回憶」裏，寫了不少，在此不再贅述。

現在的陸軍軍官學校的前身，就是中央軍事政治學校，最早爲黃埔軍官學校，校長爲現任總統蔣中正先生。我們進校以後，開始三個月爲入伍期間，誰都不能出大門一步，每天早晨五點半起床早操，八點到十二點上四小時的政治、軍事課程（包括步兵操典），下午一點到五點操練四小時，晚上還有兩小時的自習或者討論會，師長官訓話。我們完全過著和男兵一樣的生活，穿草鞋、球鞋、打綁腿，不論落雨下雪，或者烈日炎炎，也一樣出操，打野外。

經過一年的訓練，兩百多個女兵中，只有一個人因爲受不了苦，開小差溜跑了，其餘都有鋼鐵一般的意志，吃苦耐勞的精神，儘管有不少歧視我們，當我們是妖怪，說我們太不像話，簡直不像個女人，可是我們也給姊妹們爭了一口氣，使社會認識了女人也一樣地愛國，像秋瑾烈士一樣，只要國家需要她，她隨時隨地都可爲國家民族犧牲的。

抗戰時期的女兵

說到抗戰時期的女兵，眞是太多太多了，丟開各種訓練班的女兵不談，單就西安的戰時幹部訓練團第四團來說（簡稱幹四團，後改爲中央戰時幹部訓練團第四團）就有兩千多名女兵。受訓期滿後，分派到各城鄉去擔任政治工作，例如宣傳抗戰、組織民眾、訓練民眾、出版壁報、演劇，或者在部隊前後方擔任救護、教育等各種工作。北伐時代的男女兵，一律穿灰布軍裝，到抗戰時期就改爲草綠色了。

究竟時代是進步的，雖然只有十一年的距離，國人對於女兵已經不感覺稀奇了。在體質上，女人的確不如男人的強壯，尤其生理方面，定期給她們的麻煩，實在太不方便了，可是女人的忍耐力是偉大的，她能忍受一切的痛苦，不論在行軍或者平時工作的時候，她非但不輸給男性，甚至有時還勝過男性。愛國是不分男女老幼的，這世界是應該男女合作，才能創造美好的社會和幸福的人生。

簡介戰地服務團

自從民國二十六年七月七日，日本軍閥在蘆溝橋燃起了侵略的戰火以後，我國的抗日將領吉星文團長領導的英勇官兵便奮勇抗敵，蘆溝橋的砲聲，響徹雲霄，它的音波，傳遍了整個中國，傳到了每個愛國民眾的耳裏；我們的最高領袖蔣委員長（現在的總統）發表了全國動員抗戰的文告，「人無分男女老幼，地不分東西南北」，凡屬中華民族的子孫，都要爲保全我們的國土而戰鬥，而犧牲；同時，「一寸山河一寸血，十萬青年十萬軍」的號召，更有力地震撼了每個愛國青年兒女的心弦，他們紛紛投筆從戎，請纓殺敵。一時戰地服務團，前線慰勞團，前線救護隊，戰地工作隊……相繼由愛國男女自動組織，紛紛參加前線工作。現在就我所知道的，簡單地介紹五個，其他我不知道的還有很多，但願我這次拋磚引玉，影響其他的當事者也寫出來，好爲偉大而艱苦的抗戰時代，留下一個富有歷史性的紀念。

西北戰地服務團

這是個組織相當龐大的團體，共有男女團員一百餘人，由李芳蘭女士擔任團長，目前她正在美國探視兒女；副團長洪同先生現在臺北，舊金山史丹福大學的中文圖書館主任馬大任先生，也曾是該團團員。起初由西北胡宗南將軍的部隊領導，後來改屬中央。主要負責政工方面的組訓、宣傳。

李芳蘭女士是湖南人，熱情勇敢，熱心公益，著有「銀色的蛇」小說集。夫君邱是膺先生，沉默寡言，待人誠懇，是黃埔軍校第一期畢業生，曾在西安戰時幹部第四團擔任總隊長，兼辦公廳主任，是一個忠心耿耿，一生爲國努力奮鬥的好人。我生平第一次看到這麼安貧樂道，兩袖清風，視富貴如浮雲的軍官。來到臺灣，他們有一度過著最艱苦的生活，夫婦二人同時操作家務，她親自做飯洗衣，好不容易把五個兒女撫養教育成人，如今都能獨立了，兩老正好過幾年晚景歡娛的生活，誰知他卻於前年冬天得腦溢血病去世了！

上海戰地服務團

在這一個戰地服務組織，男女人數約有四十名，在羅卓英軍長的部隊服務，他們主要的工作是宣傳、組織民眾，出版壁報，教導士兵、民眾唱抗戰歌曲。

該團團長爲胡蘭畦女士，貴州人，曾著有「在德國女牢中」。

二十六年秋天，我們在江蘇嘉定前線遇到了，而且連同湖南婦女戰地服務團（約二十餘人，都是男性）開過幾次會，商討士兵同志幫助民眾拾棉花、割稻的問題。有一次，我們正在討論提案的時候，敵機來轟炸，我們不能向外跑，因爲敵機飛得太低，若看見有人，便要投彈了；假如沒有動靜，他以爲這些都是空房，就飛向別處尋找目標。

這並不是我們事後說大話，老實講，凡是在前線工作的人，不論軍人或從事政工、救護工作的人員，沒一個不是視死如歸的。一羣羣雄糾糾、氣昂昂的戰士開上前線，有些當晚或者第二天，不是被敵人的大砲埋在戰壕裏，便是一個個被機關槍掃射成鮮血淋漓地抬回來，起初我們看到這種情形，都會傷心流淚，後來看多了，就把傷心化成了悲憤。我們想：假如弟兄們都死光了，我們也要以身殉國，勇敢的中華兒女，爲了爭取民族的生存，決不在侵略者的面前屈服！

湖南婦女戰地服務團

回憶起來，彷彿我做了一場夢，現在讓我再回到夢裏去旅行一次吧。

自從民國二十五年四月十二夜，我被日本警察捕去關在目黑警察署以後，我更憎恨日本軍閥，大有不消滅他們，誓不甘休之慨。雖然我在獄中只有三星期；可是我受盡了侮辱，折磨。我犯的是愛國罪，他們要我去歡迎僞滿洲國的大漢奸溥儀，我當然不去，這就犯了法了，他們說我不去歡迎，違抗命令；又說我民國二十年，第一次來日本，就是個抗日份子，因此他們恨我入骨，想用種種方法置我於死地；後來我逃回上海，內心充滿了憤恨。第二年，抗戰爆發，我雖處在母親去世不久，父親正在病中的情況下，卻不顧一切地組織了湖南婦女戰地服務團，於九月初隨第四軍（軍長為吳奇偉）出發嘉定前線，為受傷將士服務。長沙報上發表這個消息之後，來找我要求加入的很多很多，有些是受過護士訓練的，我萬分歡迎，有的是高中學生，雖不懂救護，但有滿腔的愛國熱情；有哭著請求參加的；也有跟上火車的，她們背著書包趕來車站一定要上前線，我狠心地把她們推下去，答應下次回來再招第二批的時候，一定讓她去。當時隨我出發的是羅佩蘭、傅恩萍、蕭喜英、周衡、林方、戴雲、張詠芬、顧虹、王雁虹、王少雲、彭菱娟、曹重誨、曹澤蘭、彭慶齡、歐陽岑澈、劉慶雲（她被選為副團長，後來因為鬧戀愛，被大家檢舉，就開除了。）此外嚴超，是由蘇州加入的，她曾經受過警察訓練；吳人傑，本是蘇州博習醫院的護士，她也苦苦地要求加入；袁芝英、章若霧、羅雲錦三人，是由上海趕來參加的，雖然連我一共才二十四人；可是做起事來，一人不止當兩三人用。在野戰醫院裏，我們經常兩三天不睡，有時一雙手塗滿了戰士們的鮮血。他們不能吃飯，而我們是有飯吃不下。

我們的工作，除救護負傷將士外，還三人一組，或四人一組地派到師部政訓處去幫忙宣傳抗日、組織民眾的工作。有的團員，長於寫作，就由她編壁報，寫戰地通信，寄去上海報紙副刊上發表；有的會歌詠或會演話劇的，就直接參加政治部的宣傳工作。那時候，羅佩蘭等於是我的私人秘書、護士，她因爲知道我有胃病，只能吃半流質的東西，一日三餐爲我沖奶粉、煮麥片、或者掛麵、稀飯充饑。有時忙得一天不想吃東西；但她總是勸我吃一點。她的性情溫柔，對任何人都是那麼親切，關懷。她們裏面，有的是獨生女，從小嬌生慣養，遇到有什麼不高興時，也會發一發小姐脾氣，遇著對方性情粗暴的，免不了有些口角；全團之中，只有佩蘭，等於中藥裏面的甘草，不論在什麼場合，都少不了她，需要她來做和事佬。

我爲什麼在這裏把她們的名字寫出來呢？希望有人看到這篇文章，知道她們下落的，請趕快告訴我，我要和她們連絡，因爲我實在太想念她們了！自從東戰場戰事失利，我們奉命匆匆地向南京撤退時，還有兩組團員沒有歸隊，後來聽說有人壯烈地犧牲了，有人當敵兵追來的時候，因爲跑不動，就用皮帶吊死在樹上了，我今天不忍心把她的名字寫出來，我希望這都是不可靠的消息，祈禱上蒼保佑她們全體平安。

我們從長沙出發的時候，傅恩萍的父親小雲先生特地趕來送行，他指著恩萍對我說：「團長，我把恩萍交給你了，我希望她努力工作；必要時，教給她槍法，她可以上前線殺敵的；萬一為國犧牲了，我只有感到光榮，感到高興，絕對不難過、不傷心。」又對女兒說：「恩萍，好孩子，記著爸爸的話，努力殺敵，不要想念我。」

傅老先生這一番話，說得好幾個人感動得流淚了，包括我在內。每次回想當時的情景，使我熱血上升！恩萍啊！如今你在那裏？佩蘭，你是否已兒女成羣了呢？你們這麼多人，往那裏去了呢？為什麼沒有一個來到臺灣的？我此生還能見到你們嗎？……

湘雅戰地服務團

這是由湘雅醫院楊濟時大夫（他的夫人是李瑞麟醫師）領導的團體，在湖北的廣濟、黃梅一帶救護傷兵。我回到漢口之後，馬上和羅佩蘭、姪女素芳等參加工作，人數不到三十，都是受過醫護訓練的。她們並不限於為傷兵服務，同時還為民眾治病，除了免費治療之外，還送藥品。這樣的好醫生，自然大受歡迎，他們送楊大夫一個五尺多長的大匾，寫著「救人救國」四個大字，可見民眾對他崇敬的一斑。

基督教負傷將士服務協會

這是個和後方勤務部合作成立的團體，訓練機構設在宜昌，主任為賈伊箴，大隊長為梁以文，共有一百餘人，女生佔三分之二。訓練四週之後，就分發到第五戰區、第一戰區、第十戰區工作。服務項目，包括醫療換藥，招待飲食，臨時住宿，接運傷患。每隔二十里，便設置一個傷兵招待所，內有所長一名，所員兩名，工友一名。當時，我們這一大隊擔任的地區，從洛陽經過襄陽、樊城、老河口、沙市到宜昌，到了宜昌，就可以用船運送戰士們至重慶就醫、休養了。

那時候的女學生，幾乎每個人都想到前線去服務，她們絕對不是被好奇心、虛榮心驅使，而是眞正認清了國家興亡，匹夫匹婦都有責任，總覺得自己是女孩子，軍隊既沒有公開招收女兵，不能荷槍上戰場殺敵，那麼爲戰士換藥、餵飯、洗衣、補衣、寫家書、講故事、唱歌、話家常安慰他們，是輕而易舉的事。當時家長們，也都是有學問的知識份子，並不阻止兒女上前方，明知戰時的前方，受著敵人飛機大砲的夾攻，兇多吉少；何況吃的喝的，都不如後方的方便；但做父母的，只要兒女能爲國家出一點力量，也就心安了。

除了戰地服務團、醫療隊之外，幾乎各軍師政治部的政治大隊，都有男女學生參加，他們重要的工作，是擔任士兵教育、民眾組織、宣傳、教育的工作。那時的文化水準較低，不像目前我們臺灣的士兵，至少是初、高中畢業生，他們都具有現代軍人的各種知識，不但能說能寫，而且有許多成爲作家、科學家、藝術家的。那時士兵裏面，有少數不認識字的，我們替他代寫家信時，往往爲了收信人的地址和姓名，傷透了腦筋。例如陳、程、成；胡、吳；黃、王；張、章等字，因爲他們發音不正確，使代書的感到困擾，問他是「口天吳」，還是「古月胡」或者「弓長張」，還是「立早章」的時候，對方就會不耐煩或者怪難爲情地回答道：「管他什麼張，什麼胡，我也弄不清楚，隨便寫一個就行，反正只要門牌對了就得。」

替戰士寫家書，是我們感到最高興的事，因爲從他們的談話裏，可以了解他的家庭情況。一位十六歲的戰士，右手掌被敵人的機關槍打斷了，只剩下一根筋吊著，當醫官替他剪斷，我們旁觀者爲他難過得流淚，他自己卻滿不在乎，現出微笑勇敢地說道：

「哼！他媽的日本鬼，他打斷了我的右手，還有左手呀，一樣可以丟手榴彈！」

晚上，我替他寫家書，他告訴我：

「千萬不要說我沒有右手了，把我們打勝仗的消息多寫一點，告訴我爸爸敵人是怎樣怕死，我們是怎樣勇敢……」

自然，我照樣寫了，心裏想著，將來他回到四川的時候，他的父母看到只有一隻手的兒子，還不知要怎樣傷心呢？

第二天，這隻割下來的右手掌，本來是埋在土裏的，不料被一條黃狗挖出來正在啃它，我氣極了，連忙用一根棍子，把牠重重地一打，幾乎打破了牠的腦袋；手掌已經被牠吃掉一半，我傷心極了，就在當天晚上，寫了一篇文章，題目叫做「戰士的手」，二十七年，我用它做書名，連同其他在前線上寫的報告文字，在重慶獨立出版社發行了兩版。我自已早就沒有這本書了，在美國夏威夷大學和舊金山史丹佛大學，兩處圖書館裏，都藏有我的「在火線上」、「新從軍日記」、「第五戰區巡禮」、「戰士的手」，只有「軍中隨筆」找不到了。

當我在舊金山借到這幾本書來看的時候，等於我重上前線一次，內心有無限的感慨，臨回國前，因爲太匆忙，沒有來得及親自送還，託好友郭昌鶴女士寄去；回到臺北，就接到史丹佛大學中文圖書館副館長曾憲琳先生來信說：

「你借出的四本書，還沒有還來，我雖然今年退休了；但書是在我未退休前你向我借的，請早日寄還，以清手續。」其實書早已寄還馬大任館長了。

由此可見他們做事的認眞負責。

曾先生曾兩次勸我把這些絕版了的書（包括早期作品，我一本也沒有。），重印一次，我說：「我寫的東西，不能藏之名山，垂之久遠，沒有保存的必要，謝謝你的好意。」

在國內圖書館找不到的許多文藝作品，在國外可以讀到，從事筆耕的朋友們，看到這裏，也許你們的大作，都在那裏，內心至少也可以得到一點安慰吧？

偉大的、艱苦的抗戰時代過去了，由勝利到現在，快近二十九年，由於我們的領袖 蔣總統仁愛爲懷，主張以德報怨，非但不向日本討回血債，連賠償損失都免了；誰知一些喪心病狂投機取巧的日本政客，竟與我國斷絕外交關係，與共匪建交，想想在八年多的抗戰期中，我們的生命財產，不知損失了多少億萬，簡直無法統計，那時活躍在前線與後方的愛國青年男女，有的早已喪失了生命；有的現在兒女成行子孫滿堂；有的白髮蕭蕭孑然一身，仍然在爲國效勞！

起來吧，勇敢的中華兒女們，現在又到了第二代的你們，大顯身手挽救民族的時候了！

戰地生活的回憶

每年一到七月，我便想起民國二十六年的七月七日。那天，我國正式和日本帝國主義者宣戰，蘆溝橋的炮聲，驚醒了全國的同胞。每一個愛國之士，沒有不咬牙切齒，痛恨敵人幾十年來侵略我國的種種暴行；特別是「九一八」、「一二八」事變以後，中日兩國成了誓不兩立的形勢。不！我國五千多年來，都以仁愛立國，從來不想侵略任何國家，只有日本帝國主義者時時刻刻都在想併吞我們的國家，消滅我們的民族，他們佔領臺灣五十年，不許我們說漢語讀漢文，連名字都要改爲日本的。唉！不說也罷，我還是記叙一些抗戰期間，我們在前線的生活吧。

尋找戰友——吳若我

凡是在前方生活過的人，沒有不痛恨漢奸，愛護戰士，熱愛同志的。這種的所謂同志，指的是愛國志士。自從二十六年的冬天，我離開東戰場以後，無時不在想那二十四位曾經和我同過艱苦、共過患難的女同志。楊瑞先女士給我來信說，讀了我的「抗戰日記」之後，她太難過了。當她看到那位肚子被敵人打穿，腸子流了出來，他自己用手塞進洞裏裏去的那一段，她流淚了；還告訴我那些團員中，她認識彭菱娟，她結婚了，生了三個兒女，想必還在大陸。我多麼希望有一天，能夠見到她們，那怕見到一兩個人也好。我們把酒話戰場，那些可歌可泣、悲壯淋漓的故事，我們講三天三夜，也說不完呢！

還有一位在張佛千先生辦的陣中日報上，發表了「戰羅店」的文章，凡是讀過的人，沒有不拍案叫好的，佛千曾經向我推薦，他說：

「吳若我這篇文章，寫得有聲有色，戰場的血肉橫飛，壯士的慷慨犧牲，字字是血、字字有淚，我看過多少描寫前線生活的文章；可是從來沒有讀過這麼簡潔流利，這麼悲壯動人的文章。」我與佛千有同感，我把「戰羅店」剪下來，給團員們讀，佛千還登過啟事，尋找作者的部隊番號。如今事隔四十五年，不知道吳若我同志現在何處？我有時想：他假若能運用他那生花妙筆，寫一部東戰場的回憶錄，一定可以得個文藝獎的。不知張佛千先生，還能找到他的陣中日報否？

戰士的手

我曾親眼看到一位十六歲的小戰士，他的右手被敵人的槍炮打斷了，手掌只有一根筋連著，古醫官問他：「小同志，怕不怕痛？不打痲藥，我可以動手術嗎？」

「我才不怕痛呢，用剪刀把他一下剪掉就行了！」

果然，古醫官用剪刀一下剪斷，手掌掉在地上，他吩咐勤務兵把這隻手掌好好地埋著，洞要挖深一點

「他媽的，右手沒有了，我還有左手，可以丟手榴彈，怕什麼呢？」

我曾經用「戰士的手」寫了篇文章，還用這題目出了一本小書。現在書找不到了倒沒有關係，假如小戰士還活著，我眞希望：有一天突然在什麼地方會見到他！

聾子李惠君

李惠君是二十七年在重慶跟隨我去宜昌受訓，然後派到當陽長坂坡傷兵招待所服務的。

當她找到我的住所，向我苦苦哀求，要我許可她去前線服務時，我無論如何不答應，因

爲她兩耳都聾得厲害，說話聲再大，也聽不見，我只好寫在紙上，她回答我：

「因爲我是聾子，飛機大砲聽不見！我不怕，正好上前方。」

說得我啼笑皆非，只好又在紙上寫：

「不害怕，這是每個上前線的人，應具備的起碼條件；你的勇敢，我很欽佩；但上前線，每句話，都要寫，太不方便了，你在後方工作，也是一樣報國的。」

她看了，立刻流下淚來，握著我的兩手說：

「我是下了必死的決心上前線，你如果眞的不讓我去，我就去跳江了！」

說完，她頭也不回地向外跑，我害怕她眞的去跳江，連忙追上前去，一把抓她回來，她還在流眼淚，我在紙上寫：「帶你去前方！」她馬上破涕爲笑問：「幾時動身？」「今天晚上。」「我回去拿換洗衣服，立刻就來。」

＊　＊　＊

到了宜昌訓練團，敵機幾乎天天來轟炸，無論那個不怕死的人，總不甘心給敵機炸死，一聽到機聲，總要生起恨心，精神不安，雖都不願躲警報，但又不能不跑。這時我們都羨慕聾子，每次遇到有同學拉她跑警報時，她就笑一笑說：「沒關係，我要寫日記。」

有一次，敵機正瞄準我們的訓練團轟炸，袁芝英與甘和媛，發現陳小姐和我還在睡覺，於是她們一人拖一個，把我們拖到上面鋪了棉被的長桌子下面，正在這時，炸彈破片打破很多瓦片，稀里嘩啦地落在棉被上，我們的床上，早就被瓦片灰塵蓋滿了，要不是芝英與和媛救我們，早就不在人間了。

敵機轟炸時，惠君正坐餐廳寫日記，她聽不到丟炸彈的聲音，及至看見煙灰上升時，才自言自語地說：「呵！丟炸彈了！」

她並沒有躲，仍然安然自在地寫她的日記。

「還是聾子好，耳不聞，心不亂，以後多找些聾啞學生來前方服務吧。」和媛說。大家都哄笑起來。

這是開玩笑的話，後來聾子在長坂坡招待所服務時，傷兵來了，和她說話，她根本聽不見，對方不知道，還以爲她故意不理，及至他們大發脾氣，別人才告訴受傷同志，惠君是個聾子。

「唉！聾子都上前線，我們這些好人，更應該努力殺敵，才對得起她！」

想不到聾子上前線，還鼓勵了士氣呢。

＊　＊　＊

前方和後方的故事太多太多了，有機會時，再慢慢地寫吧。

七一年七月四日下午於金山

平凡的半生

湖南新化謝鐸山，那山水最幽美的地方，便是我的故鄉。祖父業農，曾經自己挑了擔子送父親去趕考。喜歡喝酒，性情豁達，常常說：「今日脫了鞋和襪，不知明日穿不穿！」果然，在某一個晚上，他無疾而終了。

父親有過人的理解力及記憶力，在我們故鄉，他有一個綽號，叫做「活字典」。不論誰有什麼關於古籍上的問題去請教他，他會詳詳細細的告訴你這句成語出自何經何典。他在新化縣立中學連任三十多年的校長，桃李遍三湘，著有詩集及「覆瓿文存」三十多種，是一個學不厭、教不倦的老學者。

自從丙午年（一九〇六）九月初五，母親經過三天三夜的苦難生下我以後，這世界便多了一位飽受折磨的女人。過去有一個時期，我曾埋怨造物者太無情，使我降生到人間，從幼年、少年，到青年、中年，沒有享受過人生的快樂和安逸；可是現在我卻要感謝它了，它使我飽經滄桑，有豐富的生活經驗，這在寫作上，的確是一筆不少的財富；更使我高興的是四十年來，因爲寫作的關係，我獲得了海內海外無限量的友情。這種由共鳴而發生的感情，是普遍的，永恆的，也是最珍貴的。

以下我將忠實地寫出我的生活和寫作的關係，在詞句方面，我沒有時間也不想怎樣去推敲，我希望朋友們原諒我的直率。

母親教我作文

我第一次進大同女校讀書，並沒有經過入學考試。我記得很淸楚，那時學校只有甲乙兩班，周老師和母親談過話以後，認爲我可以隨甲班聽講；如果趕不上，再降到乙班。我看了看甲班的課本，除了國文，什麼都看不懂，算術連阿拉伯字都不認識，叫我如何去加減乘除？我向周老師請求入乙班，她說：「那是很小的孩子讀的。」那時我已經十二歲了，長的個子和現在一般高，不好意思讀乙班，就在甲班聽講；第一堂便是作文，老師寫了「菊花」兩個字在黑板上面。我看了題目，嚇得發呆，腦子裏空空洞洞，一無所有，根本無從下筆。在家裏，儘管我能背一百多首唐詩和四書一部分，但父親從來沒有教我作過文章。

「媽，這個題目，我不會作，怎麼辦？」

我輕聲地問坐在我旁邊的母親。

「咱家後花園裏不是有很多菊花嗎？你先寫它們的顏色有紅的、黃的，紫的，白的，還有一種黑的叫做墨竹，拿來泡茶，可以治眼病；再寫陶淵明是最愛菊花的，因爲它能耐寒，不怕風霜雨打……」

這篇文章我可以坦白地說，完全照母親的話，一字不漏地筆錄下來；不會寫的字，我就空一格，像「淵」字，當時我就記不起來；倒是「采菊東籬下」的詩，我是聽父親念過的。

「告訴你，孩子，寫文章，先要有材料；我以爲菊花，你在花園裏看過很多，一定會寫的，那曉得你簡直不會動筆；不要害怕，以後多練習幾次，你就會寫了。」

母親回家以後，我又高興，又害怕。高興的是：她走了，我可以和同學們大跳大笑；害怕的是：遇到作文，再沒有人這麼仔細教我了。好在第二次出的是「我的母親」，這個題目太好寫了，我把媽不讓我上學，我哭了三天三夜的事寫出來。老師看了很受感動，批改過之後，還在句子旁邊打了許多圈圈，給我一個甲上。

「新來的學生就得甲上，她的作文好棒啊！」

周老師的女兒祚芳這樣在同學裏面向我開玩笑。

我的啓蒙老師

最初教我識字的是父親，教我背熟很多唐詩和隨園女弟子詩，希望我「史續蘭臺祈異日」的也是父親；可是我太愚笨了，對於舊詩詞，我只有欣賞的興趣，而無發表的能力。自從讀了「水滸傳」和「世界短篇小說集」之後，我便愛上了語體文。在這方格子的園地裏，我曾經耕耘了四十多年，流過不少的汗，也灑過許多的淚；可惜沒有什麼成績，說來眞是太慚愧了！

第一個引導我走上閱讀世界名著之路的是我的二哥。民國十年，我考進了湖南省立第一女師，二哥經常來信指導我。他說：

「讀書貴在能消化，你能够把別人作品中的精華，吸收到你的腦子裏去，就便使你的作品得着了營養。多讀不如精讀，做學問功夫的人，只有虛心，才能進步：絕對不能目中無人，自高自大。」

「大智若愚」，「虛懷若谷」，也是父親常常拿來教訓我們的。當時我有機會做管理圖書的助理員，下課之後和星期天，我都把時間消磨在書本上。開始寫讀書筆記時，我嫌太花費時間，太痲煩；但我又想：不養成一個寫筆記的好習慣，書看完之後，過了很久，就會忘記，甚至連書名和作者的姓名也許都記不清了，唯有靠筆記，是最好的保存記憶的方法。我的筆記本子很多，有閱讀方面的，也有寫作方面的；起初都用英文練習簿寫，後來改用活葉，就方便得多了。

在女師，我有許多值得回憶的事情，最有趣同時也是最感困擾的是讀書問題：學校規定晚上九點半鐘息燈就寢，我常常在同學們熟睡之後，偷偷地燃了蠟燭看書。有一次，差一點引起火災，從此我不敢冒險了。於是改變主意，跑到廁所去看，寧願忍受著難聞的臭味，這裏倒是一個最安全的地方，校長和舍監都不會來查。

可是太不方便了，燈是吊的那麼高，光線又那麼黯淡，我只好在椅子上面再放一條凳子，然後坐到凳子上面去看。

幾個月後的一個晚上，忽然聽到有輕輕的腳步聲自遠而近，不像平時同學的步履聲，到了門口，那聲音忽然停止了。我有點害怕，以為是鬼，正想下來看個究竟時，突然發現校長站在我的椅子旁邊。

「你——你為什麼不聽話？為什麼要犯規？全校只有你一個人這麼叫我生氣！下來！給我看看你手裏的書！快！快！」

我的天！這時我已經嚇得魂飛天外，差一點從凳子上一個跟斗栽下來了。我戰戰兢兢地把書送到校長手裏，他一看是迭更斯的「塊肉餘生錄」，便問道：

「這倒是一本有名的書，你告訴我，它究竟有什麼魔力能够吸引你日夜讀它？」

「這是一部作者的自傳，敍述他一生的奮鬪經過情形，我很佩服他！」

「好！好！這是一部好書，你可以看；但是身體要緊，你不能犧牲睡眠哪！」

聽了校長的話，我只好乖乖地去睡覺，此後我唯有轉移陣地了。

在這時期，每年寒暑假回去，父親一定早晚教我念古文；二哥卻教我閱讀世界名著；三哥編報紙副刊，鼓勵我投稿，爲我修改；他們都是使我走上寫作之路的原動力。

第一本書

「從軍日記」，是我出版的第一本書，每逢朋友提到它，我便發熱。以現在的眼光看來，的確太幼稚了！試想以一個不滿二十的女孩子，又沒有文學天才，更不懂得寫作的方法，只是忠實地把我當時的所見、所聞、所想的寫出來，寄給中央日報的副刊主編；我絕對不敢奢望發表，但他卻把每一篇都刊登了出來；最難得的是林語堂先生還把它譯成英文發表，引起了國外作家的注意。飲水思源，假如沒有他們的獎掖與鼓勵，我想，我一定沒有自信，沒有勇氣走上這一條路的。

感謝這一年不平凡的從軍生活，使我的意志鍛鍊得更堅強，養成我吃苦耐勞的習慣。「從軍日記」裏面的文章，大半是靠著膝蓋寫成的。這本不成熟的小册子，以後又被譯成英文、日文、法文和其他幾種文字，在寫作上給我開闢了一條道路，使我戰戰兢兢地走到現在還沒有達到目的。

在上海亭子間裏苦讀的那一段生活，我不想再回憶了。現在我喜歡喝白開水，還是那時候由於喝自來水的習慣養成的。

在考上北平女子師範大學之前，我的朋友曾主編過一個時期的報紙副刊，從許多作家的作品中，我學到了一些寫作的技巧。一個沒有見過海洋的人，是不知道海洋無邊無際的；看到作家們的心血結晶，和他們那種推敲修改的痕跡，我越發感到需要下一番眞功夫，才能寫出可讀的文章來。

在女師大那一段生活，是最值得回憶的：

這眞是一個能代表中國禮義之邦的文化古城，人民生活純樸，有禮，勤儉，上進；凡是我們耳聞目覩，都有很高的格調，就連人力車夫，也把「您好」、「明兒見」當做口頭禪。除了極少數的例外，一般男女老少，都穿著一件陰丹士林長衫。記得初到臺灣，我的箱子裏，只有藍布衫，一直到前幾年，才敢穿免燙的衣料。

在這種樸素、雅靜的環境裏，我才能把全副精神專注在讀書寫作上去。繼「從軍日記」之後，出版了一本短篇小說集——「前路」；散文集——「麓山集」；長篇小說——「青年王國材」；還有一本「青年書信」。

靠了這幾本書的稿費，我才第一次搭上開往神戶的輪船。

兩次留日，使我最傷心的是：不是學業沒有完成，而且受盡了氣，受盡了侮辱，眞是多災多難，令人傷心！第一次遇上「九一八」事變，我與同學組織抗日救國會，遭到被遣送回國；第二次，又遇著溥儀朝日，我不去歡迎他，日本警察就來逮捕我，關了三個星期才放出來。

在監獄裏，我把生死置之度外，整天只是想著出獄後的工作，我絲毫不悲觀，腦子裏經常出現的人物是岳飛、文天祥、史可法、林覺民、秋瑾、孫總理……他們；我想假如我能爲愛國而犧牲，實在是太光榮了。出獄以後，我寫了一本「在日本獄中」。

關於女兵自傳

出版「一個女兵的自傳」，已經是第六本書了。當我從東京回國的時候，上海良友圖書公司要出版一套文藝叢書，主編人一定要我參加一本；他看見「從軍日記」的銷路不錯，賣到了十幾版，於是出了個「女兵自傳」的題目要我作。起初我沒有計畫，先把在日本獄中的生活寫了幾段寄給「論語」雜誌；不料發表之後，接到許多讀者來信，對於「補襪子」、「鐵窗外的陽光」幾篇文章，發生很大興趣，要我趕快出書。這時，我已答應良友寫「女兵自傳」了，於是兩本書同時下筆，計畫一星期寫「女兵自傳」，一星期寫「在日本獄中」。在這一段時間裏，我的精神有時興奮，有時苦痛，因爲我等於再體驗一次我的過去生活；我要重新嘗一遍那些快樂和痛苦，自由和壓迫，積極和消沉，才能寫出感動我、感動讀者的文字出來。這時，我完全與外界隔離，只關起門來在房子裏寫作。有時寫到有趣的地方，我會哈哈大笑；有時寫到悲傷的地方，我就哭泣一場，讓眼淚流個痛快之後，再繼續寫。

我的求知慾特別強，這從我小時候爲了要進學校讀書，母親不答應，我就絕食三天三夜這件事可以看出來。

我愛讀書，自然也最喜歡買書，每次上街總要逛一次書店，不帶一兩本書回來，便感覺不滿足。

參加抗戰

震撼全世界的蘆溝橋事變發生了！我國發動了全面抗戰。我有機會組織「湖南婦女戰地服務團」，隨軍南下，從事救護傷兵工作，眞是太高興了！我的足跡到過第一、第三、第五、第六、第十各戰區，對國家，總算略盡了一點國民的義務；同時心中的積憤，也算解除了不少。

從民國二十九年到三十二年，我在西安主編「黃河」文藝月刊，這是當時西北僅有的純文藝刊物；以文會友，認識了許多年輕力壯的青年作者，現在都已經是著名的老作家了。

這時我寫作的興趣特別濃厚，出版了下列幾部書：「新從軍日記」、「在火線上」、「戰士的手」、「第五戰區巡禮」、「姐姐」、「梅子姑娘」、「寫給青年作家的信」，以及「抗戰文選集」。可見一個偉大的時代，是能供給從事寫作者以無限材料的，只要你能仔細觀察，留心搜集，是不愁沒有東西可寫的。

後來回到成都執教，「黃河」也隨之停刊了。三十五年，又在北平復刊，朋友笑說黃河改道。第二年，我應臺灣省立師範學院之聘來到臺灣，「黃河」又停刊了，現在回想起來，還覺得可惜！

三十四年抗戰勝利後，我最早到了漢口，被朋友留住，擔任和平日報及華中日報的副刊主編，還創辦了一個幼幼托兒所。我愛孩子的純潔天眞，從事兒童文學寫作的志願，也是這個時候開始萌芽的。

這時，我生平第一次冒險借錢出版「女兵自傳」中卷，鬧了不少笑話：書送到店裏代售之後，收不到錢，有時收回三、四元，而付出的車錢多至兩三倍；最後，要去北平了，還有兩百多本書款沒有收回，只好犧牲不要了。

三十五年，應母校北平師大之聘，講授「新文藝習作」；三十七年來臺，除了教國文外，仍然開這門課，至今已二十年了，我的興趣與日俱增，過去是選修，今年從本學期起，改爲必修的了。眼看著同學們由投稿而出書，由退稿而徵文入選，漸漸成爲知名的青年作家，我的高興和安慰，眞是不能以言語文字形容。

對於寫作，各種體裁我都想學習，青年時代，曾經學過舊詩、新詩、劇本，還寫過一部分鏡頭的電影劇本「踩出來的路」，三十七年發表於中央日報副刊。散文、小說、兒童故事，我都喜歡寫；可是沒有一部是寫得好的。

「在你的作品裏面，你最滿意的是哪一部或哪幾部？」

曾經不知有多少人當面或寫信來向我問起這個難題。老實說，我無法回答。別人都說敝帚自珍，文章是自己的好，我從來沒有這種觀念。我從心坎裏佩服別的作家，總覺得自己寫的不成文章，只是一堆未曾經過琢磨的粗硬石頭，或者是一束長在深山裏的青青野草，看來很自然，其實太缺乏藝術的剪裁了。

「文如其人」這句話，我想大概是對的。我為人處世只有三個字：「直」、「眞」、「誠」，寫文章也是如此。小說、散文裏面的材料，大多數是在許多典型人物身上找到的眞實故事。我寫小說，總是把書中的人物當做自己，往往寫到她不幸的遭遇，眼淚不知不覺地滚下來。這就是作品裏面的眞感情，絲毫也假不得。

來到臺灣十八年了，我的主要工作是教書、改作文，寫作不過是我的副業，也是我犧牲了休息時間寫一點自己喜愛的文字；不過大半是朋友們逼出來的。他們有的主編刊物，有的主編報紙副刊，我往往奉命為文，有時連內容字數也都是他們規定的，我只好遵命辦理，如期繳卷。醫院的候診室，師大的教員休息室，教室，汽車站，火車上，都是我寫稿的地方；謝謝我的兩條腿，她經常代替了書桌。

寫作所遭遇的困難

讀書與寫作這一行業，眞是「如人飲水，冷暖自知」。從事寫作的人，都知道它的艱苦。寫自己熟悉的題材，自然沒有什麼困難；然而，有很多資料是需要你去發現，去尋找的。還記得三十六年在北平，電影導演徐昂千先生要我寫一個電影劇本，以舞女為題材，寫出她們一生的悲慘生涯，我毫不猶豫地拒絕了；因為我壓根兒不會跳舞，更沒有跳舞的朋友，對於她們的生活太隔膜，實在無從下筆；後來我換了一個題材，描寫一個職業婦女被丈夫遺棄的悲劇，有幾段描寫男性娶小星的對話，我一時想不出許多理由，於是去請教朋友。後來徐先生說：「這幾段對話最精彩！」

寫「聖潔的靈魂」的時候，我要把女主角送進特種酒家；但我並沒有去過那些地方，自然沒有見過男客玩弄酒家女的情形，這一段又不會寫了，只好向一位去過酒家的朋友請教，寫完之後，把原稿給他過目，他搖搖頭說：

「不像，不像，你寫得太文雅了。」

我想文雅大概就是嚴肅的意思，我此後還是不以這些地方爲背景的好。

我認識一位名女人，很想拿她的生活來寫個長篇小說；可是有許多看起來很小，其實卻很大的問題無法解決，我不能寫她。例如她經常喜歡用什麼香水？喜歡抽什麼牌的香煙？穿什麼料子的衣服？打多大的梭哈？跳什麼舞……，還有她的生活習慣，她經常與哪些人來往？……

我最佩服清朝的大小說家曹雪芹，他不但能寫出四百八十六人的性格，語言；最難得的是那些小姐、丫頭們的服裝，他把顏色配得那麼好，又調和，又合於每個人的性格。

寫作之路是艱苦的，同時也是快樂的。我自從十五歲開始寫文章，到今年整整四十五年了；我在遭到退稿時，從來不把它當做一回事，不以爲這是受到打擊，更不怨恨那主編的人；因爲我自己當過多年主編，我知道稿子不能篇篇採用的多種原因。

我的希望

信筆寫來，不覺已到了限定字數，我在這裏要寫出一點小小的希望：

我來自農村，仍然希望回到農村去；我熱愛大自然，熱愛人生，更熱愛自由！

有人說：人生七十才開始，今年我雖到了花甲之年，讀書和寫作還沒有開始呢！儘管病魔奪去了我許多自由，但我無論如何也要爭取！我計畫以十年功夫，來從事兒童文學研究和創作，希望在純潔的小朋友身上，散播優良的文化種子，才能使他們將來成爲有用的人才。

我的性情好動，生平喜歡旅行，青年時代曾有周遊世界的幻想，如今知道這是經濟力量不能達到目的的事情；但願打回大陸之後，周遊全國的名山大川，學徐霞客、老殘他們的榜樣，寄情於山水之間，我想應該沒有問題吧？

我在十年前，皈依了三寶，慈航老菩薩是我的師父。我有悲天憫人的心懷，可惜我缺少救世救人的力量，唯有將來在退休之後，以全心全力貢獻給佛教文學和兒童文學，讓我的心靈永遠是恬靜的，聖潔的。

外面晨鷄在喔喔啼喚，天空現出了一線曙光。很久沒有熬夜了，爲了要在這萬籟俱寂的深夜趕完這篇稿子，同時可以考驗一下我的健康，正好再試一次。

朋友，我不服老，我很健康，我要不斷地努力，直到生命最後休息的一刹那，我不會放下筆桿的！

民國五十五年九月三日黎明完稿

淒然回首

記得我五、六歲的時候，每逢農曆元旦，拜神之後，吃完早飯，給長輩叩完頭回來，父親就命令三位哥哥到書房寫字，讀書。先寫：

「元旦開筆，大吉大利，一年四季，萬事如意。」

然後開始叫他們練習寫大字，練小字，父親眼睜睜地看着他們寫，一點一畫，一撇一捺，絕不能馬虎。我站在一旁看他們寫，心裏癢癢的，也很想試一試。

「爸，我也要寫字。」

「好極了！只要你肯學，爸爸一樣教你讀書、寫字，將來還送你進學堂。」一聽到「進學堂」三字，我高興極了，於是開始學寫「孔乙己，上大人」，「孔夫子，化三千，」還從一到十、百、千、萬。

不知是我天性特別愚蠢，與書法無緣；還是我太任性，過於急躁，凡是叫我一筆一劃練字，或者一針一線學刺繡，我就不耐煩，嘴裏雖不說，心裏卻在反抗：「我爲什麼要學這些東西？麻煩死了！」

唉！從小就有這種怕麻煩，沒有耐心的想法，這就是我的致命傷，到如今，寫了七十多年的醜字，想要學好，已經來不及了，只好把希望寄託到來生；但又記起：「來生事有無不可知，且勿草草錯過今世也。」的話，眞是矛盾之至！

每當我想念先父母的時候，便拿出先父寫給我的信及詩來讀，眼前彷彿看到他老人家教三位哥哥寫字的情景，聽到他的聲音：

「你們要知道，把字寫好，是做學問的基礎，字寫不好，文章也不會作好的。我就是吃了字寫不好的虧，我寫的一筆怪字，誰都看不慣，這是我只能中舉人，不能中進士的原因。」

其實，父親的怪字，有他特別的美和蒼勁，我們無論怎樣用心學，也學不像。起初我還有些字不認識，後來越看越愛；可惜在五十年前，沒有請他老人家爲我們兄妹留下墨寶，如今後悔，又有什麼用呢？更何況三位兄長和姊姊都已作古，獨留多病的我在人間苟延殘喘。思之凄然……

父親的花園

每天清早，當我看不見父親的時候，一雙腳就會飛奔到花園，父親準會在那裏照顧他心愛的花木，不是澆水，便是拔草。

「爸爸，請你趕快回去，我們都等着你吃早飯呢！」我搖着父親的胳膊說。

「好的，好的，你先回去，爸爸等餵飽了花，馬上回來。」

「爸，花又沒有嘴吧，不吃飯，怎麼說是餵呢？」

「傻孩子，你不知道，花也跟人一樣，渴了要喝水，瘦了要吃肥料，周圍長了草要拔掉，要不然，它非但長不好，不開花；而且它會慢慢地枯萎，最後就會死掉的。」父親一面說，一面蹲在地上拔草。

「爸，我來幫忙，快快拔完，好早點回去吃飯；再慢，我的肚子都要餓痛了。」

「不可動手，你不要幫倒忙，前次你把鳳仙花和鷄冠花的幼苗，都當做草拔掉了，多可惜呀！」

說到這裏，我知道不能說動父親，便知難而退，沒精打彩地回去了。

＊　＊　＊

這是六十多年前的往事；可是每當我自己澆花拔草的時候，就會從腦海裏浮出這段對話來。

我愛花，可能是受了先父的影響。不論在什麼地方居住，那怕只有短短一兩個月的停留，我也會買幾盆小花來點綴我的房子。從北平來到臺灣，快滿三十週年了，其中有三年在馬來亞，六年在美國，二十一年在臺灣，雖然住在只有十六個他他咪大的第一宿舍裏，我卻從來沒有嫌它破舊、狹窄過；相反地，我是那麼愛它，懷念它，留戀它，爲的在十八號的屋前屋後，各有一個小花園，前面院子裏，種了石榴、桂花、再生蘭、仙人掌，花壇上的是盆栽，種有竹子、秋海棠、曇花、觀音蓮；有些眞的叫不出名字，等到植物學家告訴我，當時沒有寫下來，他一走，我又忘了。

後花園的特色，是種了四棵大垂柳，樹下有一個小小的長方形水池，裏面養着三條小金魚，兩隻青蛙和幾株睡蓮。春天，當垂柳發出新芽，小鳥站在枝上，愉快地跳躍或者歌唱的時候，會帶給我靈感，寫出不少文章，還使我陶醉在鳥語花香之中，忘記人間還有煩惱、憂愁。

老實說，我之所以特別愛我的花園，還是由於小時候，愛上了父親底花園的緣故。

* * *

父親的花園，大約有一百多坪大，種有水蜜桃、栗子、柚子、石榴、櫻桃、李子、枇杷、梅子……我最高興吃栗子和柚子。雖然栗子外面的刺，會傷害我的小手；但我是等它熟透爆開落在地上才拾起來，放進爐子裏，聽它霹啪一聲爆響之後，然後拿起來吃，那味道眞鮮，眞美，眞甜；至於柚子，不知是我家的土壤特別好，還是種子特別甜，不但汁多，而且味道特別濃，簡直像澆了蜂蜜一般。後來我到過國內外不少觀光勝地，也吃過不知多少種類的水果，像柚子、桔子、文旦之類，從來沒有碰到過像我家那種柚子的香甜味道。

其實，果樹並不算父親花園裏的特色，只有半園菊花和半園孟宗竹，那棵大松，和兩株梅花，才是父親最珍愛的寶物。

「菊花是四君子之一，它不怕風雨，不畏霜雪，越寒冷它長得越茂盛，花開得越鮮艷，它象徵我們中華民族，堅忍不拔的偉大精神。」

那時候我年紀太小，還不懂得菊花之外，加上梅、蘭、竹，便是四君子；但我最愛翠竹與紅梅，因爲父親曾告訴我一個梅妻鶴子，和一個孟宗哭竹、嫩筍破土而出的故事。

「孟宗是戰國時候的一位孝子，母親病了，想吃筍，那時正是大雪紛飛的冬天，那來的筍子？孟宗跑去園裏，抱着竹子大哭起來。慢慢地，他的眼淚潤濕了堅硬的泥土，融解了冰雪，頂上有一點淺綠，帶着米黃色的嫩筍尖終於露出來了。孟宗高興的了不得，他把嫩筍挖出來，煮給老母吃，果然治好了老人的病。這故事載在二十四孝裏面，你要牢牢地記住。自從孟宗哭竹以後，我們每年都有冬筍吃了；那春天出土的，便叫做春筍。」

父親不但把這個掘筍孝母治病的故事講給我們聽；而且一到冬天，他就親自拿着鋤頭去花園挖筍回來，煮湯給祖母喝，那味道鮮美極了。誰都說，父親種的花，開得特別多，特別美；種的果樹，結的果子也特別大，特別多。曾經有人問過他老人家，他回答說：

「我沒有別的方法，只是了解每種花的特性，什麼花需要水多陽光多，什麼花需要水少。施肥要有定時，不能過多，多了就會燒死；也不可太少，少了就營養不足，不容易長大。水和肥料，都要恰到好處，不多不少；還有，土要常常鬆一鬆，最好每年換一次，摘去那些枯黃的敗葉，不要讓蟲、蟻來侵害它；最要緊的，你要付與一片愛心！花木也有感情的，你待它好，它就會開出又大又美的鮮花來報答你。」

除了父親了解花的性情而外，我知道第二個人，便是林寶權大姊了。

在舊金山，我到過很多種花的朋友家裏，她們的花，總不如林大姊的開得美，我曾詢問她養花的秘訣，她也說：「沒有別的方法，我只是把全部的愛付給它。」

「把全部的愛奉獻出來。」這就是養花的秘訣，也是處世的格言。我們但顧耕耘，不問收穫；可是有耕耘，就一定有收穫，這是永遠不變的眞理。

* * *

民國三十二年的春天，我腹中懷着八個月大的莉兒，從千里迢迢的西安，回到我的故鄉新化謝鐸山，去爲先父母掃墓，抵家後，不到一小時，我就去探視父親的花園。唉！變了！變了，一切改變了！許多菓木失踪，是否被人挖走了或者砍伐了呢？我無從知道，也不想打聽；至於那滿園的萬紫千紅的花呢？它們憔悴了，枯萎了；翩翩飛舞的粉蝶兒不見了，小鳥兒也不知遷往何處，枯葉飄滿了一地，那滿目淒涼的景象，我看了不覺一陣心酸，涙珠滾滾而下，唉！親愛的父親啊，您去了，帶走了您心愛的花和菓木，帶走了花園中的一切美和愛，從此看不見欣欣向榮的牡丹、芍藥、梅、蘭、竹、菊，也永遠聞不到桂花的芬芳，更永遠嘗不到水蜜桃、大柚子的甜味了！孟宗箏應該還有吧？因爲那修長的結實的綠竹，還猗猗地挺立在荒園中呢，它是永遠不會屈服，永遠不會低頭的。

* * *

為了紀念父親，我也特別愛起花來，只是我從來沒有一塊屬於自己的園地，在師大第一宿舍裏，好容易有了前後兩個小花園（文漪還送過我幾株燈籠花呢），如今也因改建樓房而毀壞了我的小荷塘，砍掉了四棵大柳樹，還有木瓜、巴拉，和那些可愛的仙人掌、萬年青。

「我覺得你的新居沒有舊房子的好，我多麼懷念你的小花園。」前幾天蟬貞請我在植物園欣賞荷花，她突然對我說了這麼一句，使我難過得竟回答不出話來。

是的，我的小花園太可愛，太値得留戀了；幸虧子培夫婦和尙仁兄弟們，爲我搶救出幾十盆花，也感謝正浩曾在「非常時期」爲我澆水，使它們的生命得以保全，我相信只要我能像先父一樣，付出我的愛，它們仍會像以往一樣放出燦爛的鮮花，長得挺拔堅強的。

小花園

當我第一天遷來新居的時候，走進客廳，隔着玻璃窗，第一眼看到的，是那座小小的花園。

「這裏眞好，還有一個這麼美的小花園！」

我連聲讚嘆，他接着說：

「你看，我們的客廳花園怎麼樣？」

「美極了！謝謝你種了這麼多花。」

隨便用眼光向房子裏掃射一下，不但看到了風姿綽約的吊蘭，虛心堅貞的小竹子；能夠在沙漠中挺立的仙人掌；象徵慈悲的觀音蓮；還有一年四季碧綠的長春草，還有……眞慚愧，有幾盆我叫不出名字，幾時有植物學專家駕臨寒舍的時候，再向他請教吧。

「你再看看這兩盆是什麼？」他問。

「不是蘭花，也不是蔥蒜，難道是韮菜？」

「猜對了，正是韮菜。」

「這盆是香菜嗎？」

「是的。」

這眞是我料想不到的事情，客廳不但成了小花園；而且成了小苗圃。看到他那麼小心翼翼地栽培、澆水、施肥，我有無限的欣慰和感慨。

也許是受了先父的影響，從小跟他老人家在後花園拔草、鬆土、掃落葉；後來離家上了學校，也不忘記買盆小花來擺在桌上，朝夕欣賞。那時不懂得種花的方法，不知道什麼花需要水多，什麼花需要水少，肥料放多了會燒枯，什麼花需要太陽，什麼花宜於種在陰濕之地，及到老了，才稍爲了解一點花的性格。可惜住的是公寓，不像國內的住宅，前後都有院子，非但可以隨意種植各種四季的花卉；而且可以種果樹，楊柳，叢竹……好了，還是不回憶吧！那會引起我無限的傷感。

* * *

一陣淅瀝淅瀝的聲音傳來，我以爲又下雨了，掀開窗簾一看，原來是房東老太太在澆花。

「這個小花園，是屬於大家的，只要你喜歡，你可以摘些去插在花瓶裏，也可以分些去種在客廳裏。」

這是房東老太太第一次給我的好印象，那麼慈祥、和藹。

她是七十多歲的老人了，丈夫曾經中過風，行動不方便，她整天陪着他，侍候他，安慰他，丈夫不能下樓來欣賞她手植的鮮花，於是她經常摘些去插在花瓶裏，她是那麼愛着她的丈夫和她的小花園。

誰說舊金山沒有冬天？小花園裏的花，有些曾經枯過，現在夏天，它又復活了，呈現着欣欣向榮，蓬蓬勃勃的現象。

房東太太的花園是美麗的，充實的，四面都種花，中間一塊是綠油油的草地。每次看到她拖着沉重的割草機，在工作的時候，我就想下樓去幫助她；可是一想到我是個只有一條半腿的殘疾人，只好空嘆一聲了。

* * *

我相信，世界上的每一個人都是愛花的，因爲花可以給人安慰，使人愉快，令人興奮，更可促使人向上。不過假如我們只願欣賞，而不肯栽培，只希望坐享其成，是不應該的；

同時，還要有「只顧耕耘，不問收穫」的精神努力去工作，才能收到意外豐盛的果實。

六十四年六月

紅樓瑣憶

紅樓之夢

這是一個眞實的夢。

正在我流浪上海，連一個十文錢買開水都沒有，快要過討乞，或者坐以待斃的生活底時候；忽然接到三哥從北平寄來一張三十元的匯票，信內只有簡單的幾句話：

「冰妹：接信，速來北平補習功課，預備投考女師大，餘面談。祝你旅途平安。

三兄馨上」

難道這是一個夢嗎？我把三哥的信，看了一遍又一遍，我流着喜悅之淚，曼文的手錶告訴我這時是下午三點半，於是趕快去郵局把錢取回來，一進房門，就高興地抱起曼文來說：

「曼曼，明天我要去北平了！」

「你在開玩笑？」

「不是開玩笑，是眞的！」

於是我把三哥的信，和我裝在口袋裏的錢拿給她看，她的臉色馬上沉下來了。

「小兵（幾個好朋友，都是這麼叫我，後來進了女師大，不知怎的，同寢室的小洪小段，也是這樣叫我。）你不能走，丢下我怎麼辦呢？」

「你呀，有眞眞，還有你的男朋友老崔。」

「老崔是眞眞的，難道你看不出來嗎？」

「曼曼，不要難過，晚上再和你細談，現在我要打聽船去。」

* * *

三哥眞好，他知道我這個鄉下姑娘找不到輪船碼頭，和買票的地方，特地介紹我去見童冠賢先生，恰好他也要去北平，正好一同上天津，然後再乘火車一同轉北平。

見到三哥，我彷彿還在做夢，直到三哥朋友的妹妹王小姐，引我去石駙馬大街，參觀女師大時，我還在懷疑，這麼漂亮的高樓大厦，冬天還有暖氣，我有福氣來這裏讀書嗎？

「這麼大的寢室，只有四個人在，太舒服了！」我在自言自語。

回憶長沙古稻田的女師宿舍，也是四人一間；可是兩個人站在那裏，就不能轉身，那裏像這兒，每人有一個大書桌，一把椅子，還有衣櫃，太舒服了，不知道我能不能考得上？」

「一定考得上的，聽說你的文章寫得很好，還出過書呢！」王小姐說。

「不！不！我的功課，沒有一樣好的，我自己知道。」

當了副刊編輯

反省起來，我生平做過幾次荒唐糊塗的事，例如在暑假裏，應該好好溫習功課，預備考師大，沒想到一抵北平，就遇着小鹿（陸晶清），北伐那年，我們曾在漢口孫伏園先生那裏認識的。

「小兵，你來得眞好，河北民國日報在找副刊編輯，我們兩人來合編好嗎？」

「不行！不行！你編，我做校對，還可以投稿，賺點外快。」

誰知小鹿不肯，非拖我下水不可。這件事，三哥是反對的，當時我借住在婦女協會，三哥幾次找我，在女師大附近，絨線胡同的「且宜」，吃飯時說了：

「我叫你來北平是幹什麼的？」

「考師大。」

「你既然知道，爲什麼要去編什麼副刊？簡直胡鬧！小鹿是女師大的高班生，讓她一個人去編好了。」

「三哥，不要生氣，我和小鹿每人發三天稿，其他的時間，我都在用功複習；編副刊，我可以學些東西，認識一些作家，也有機會寫文章，還有些收入，可以減輕三哥的負擔。」

「我知道你的個性很強，我無法說服你，假使考不取，我只有買張船票，仍然送你回上海，過流浪的生活去！」

這是三哥給我的哀的美敦書，我幾次下決心不編副刊；可是小鹿和我合作得非常好，我們故意提出一個「男女應否平等」的問題來討論，有贊成的，也有反對的；小鹿和我故意用幾個筆名，自相矛盾地打筆墨官司；最有趣味的一件事，我們兩人去訪問周作人先生，請他發表一點男女平等的高見，還請他賜幾篇大作。

他上了我們的當，一開口就說：「有位格雷的文章，思想太封建了，處在二十世紀時代，還在提倡三從四德，男主外，女主內。」其實他不知道格雷是我的另一個筆名，我趁機請周先生寫篇駁斥格雷的文章，他眞的寫了。

這是小鹿和我的計劃成功，那場筆墨官司打得眞熱鬧。

地理考四分

——丟臉！丟臉！太丟臉了！投考女師大，我的地理，只有四分！

我在心裏痛罵自己：「我還有臉見三哥嗎？我總有一天會跳海，或者臥軌自殺，實在太丟人了！我沒有臉再活下去！」

細說起來，這是一個很有趣味的故事：

記不清老師出的什麼題目，不但我答不出來，坐在我旁邊的那位小姐，也在輕聲的說：「太奇怪了，老師怎麼出這種題？世界地理，我怎麼沒有一個答得出的？」於是我大膽地寫了幾句給閱卷的人：

「例如您考中國地理，出中國的「五嶽」，或問「湖南」有什麼大山？一定答「衡山」，但您要出「嶽麓山」在哪一省？沒有到過長沙的人，他一定回答不出，老師的地理題目，範圍太狹小了，對不起，我只好繳白卷了。」

憑良心說，這位老師是仁慈的，他居然給我四分，沒有讓我吃鴨蛋。

考完試，在等待放榜，心裏忐忑不安，萬分着急。我不敢見三哥，每天無事時，就去逛書店，一天走到一家喇叭書店，覺得這名字怪怪的，就進去看書，一位大約三十來歲的男店員，拿一本紅書面的「從軍日記」向我介紹：

「小姐，您買這本書吧，這是一個女兵寫的，她很勇敢，值得一看。」

「女兵？我不想看，俗語說：好鐵不打釘，好男不當兵，何況她是個女人？」

「小姐，你的思想未免太落伍了，如今時代不同，好男好女，都要去當兵，保衛國家民族。」

結果我沒有買，只是抱歉地說：「今天我沒帶錢，下次再來買吧。」

後來這家書店的老闆娘和我同學，講起這件事來，大家哈哈一笑。

「告訴你一個秘密消息，你不要難過。這次考試，你別的科目都考得好；尤其是國文、歷史、數學、英文都不錯，只有地理只考四分，你不應該在卷子上，批評老師所出的題目不好，開考試會議時，那位老師堅決主張不錄取你；但是黎錦熙教授（國文系主任）說：謝彬是報的國文系，不是史地系，只要國文好，就可以錄取。好危險，要不是黎主任力爭，你就進不了師大之門。」

眞要萬分感謝黎老師，三十五年，我由漢口回到北平，一見面，就聘我回師大教「新文藝習作」，三十七年我去臺灣，他不放我走，我答應他，半年，最多一年後，再回母校服務，他起初不相信，我眞的要去臺灣，後來我把高鴻縉先生寄來的聘書給他看，他說：「臺灣光復不久，急需各方面的人才，你去教書也好；不過一年之後，希望你回來，因爲你新開的課，還不知道找誰來教呢？」

慘苦生涯的片斷

命運之神，彷彿故意在捉弄我，三哥教書的訓政學院，僅僅只辦一年就停了，他要回湖南教書，臨別交給我四十元說：

「我耽心你以後的生活，因爲替你做大衣，買鞋襪、衣服、文具，也用去不少，你了解我的經濟狀況，想必會原諒我。你一個人在這裏，一定很寂寞，不要難過，交幾個可靠的朋友，彼此安慰、互助，遇到有困難時，馬上給我來信，我會寄錢來的。」

「三哥，請你放心，我會照顧自已的，苦日子已經有經驗了，我不怕，只要不生病，我會多讀書，多寫作的。」

含着淚送三哥上火車站，聽到一聲哨子吹，看到火車開動，忍不住熱淚滾滾而下，恨不得身生兩翼，隨三哥飛向南方。

手指烤焦了

我從小熱愛朋友，因爲生性喜合羣。在上海北平這一段時間，朋友給我的安慰和幫助，實在太多太大了。他們把安徽中學和大中中學的國文課讓給我教，安中的一班是高三，大中的一班是初三，每週共十二小時，分作三天上，等於一星期我要缺自己的課十五小時，（每天以上課五小時計算），這是一個莫大的損失；但爲了錢，我不得不向同學借筆記來抄，有疑問，再請教老師和同學。

有一次，我連乘電車的錢都沒有了，只好來回步行，正是大雪紛飛的嚴冬時候，我提着作文卷子的書包，幾次掉落在雪地上，手指凍得像紅蘿蔔，也買不起手套，走進教室，拿起粉筆來寫字，一根根掉在講臺上。

「老師，快先烤烤手，不要寫黑板。」

我聽學生的話，兩手抱着爐子的洋鐵煙筒，皮烤黃了，發出一股肉香味來。

「老師，不要再烤了，肉都烤香了，難道您不感覺痛嗎？」

「不痛，不痛，誰去買醬油來，我請你們吃烤肉！」

說得有的哈哈大笑，有的搖頭歎氣。

偷吃飯

說出來，眞難爲情死了！在女師大的學生，偷飯吃的不在少數。

起源是這樣的：那時除了學費、書籍、講義費、宿費、雜費免繳外，伙食歸自理。每餐四菜一湯，八人一桌，吃幾碗飯，各人報數。我那時食量大得驚人，吃三碗飯，還可啃兩個饅頭。我報數時，只說兩碗飯，一個饅頭。同寢室的，都用這個方法騙厨房，明知這是不道德的事；然而窮極無聊，只好這麼做，好在很快被厨房發覺了，每個大飯桶面前，有一位男工站在那裏替你添飯，發饅頭，你再也不能舞弊了。

那時我們的伙食費，每月六元，有一次，我欠了三個月沒有交，厨房打發人來搬我的行李去抵押；誰知打開箱子一看，裏面只有幾件舊衣服，和一些發表的文章與原稿，把他氣得要命。那天正是農曆除夕，我到朋友家裏過「窮」年去了，這是眞正的「窮年」，只有半斤肉，燒一鍋粉條白菜；可是那滋味美極了，至今每一回憶，彷彿嘴裏還留有餘味呢。

女師大那段生活，在我這一生中，是特別苦，特別忙，特別緊張，特別痛苦的記憶。每天晚上我點着洋燭，總要熬到兩三點才能睡，不是替學生改作文，便是寫那些五毛錢一千字的文章。學會抽煙，也是那個時候；可是對於煙，我始終沒有好感，只是怕打瞌睡，有支煙拿在手裏，靠它燃燒手指，就不敢睡了，這是不得已的苦肉計；忽然有天晚上，我一下想通了，每晚我燒五十根（一筒美麗牌香煙），要耗費五毛錢，也就是一千字的稿費；寫兩千字，只剩五毛錢，何苦來呢？於是第二天，我就戒掉了，記得我還寫過一篇「戒煙記」呢。

回憶過去的生活，有時是甜美的，也有痛苦淒涼的。在我那篇「不堪回首憶紅樓」裏，也寫過一些，現在不想再炒冷飯了。

使我很難過的事，文章裏面提到的黎錦熙老師，高鴻縉主任，我的三哥，還有好幾位朋友，早已不在人間，也有在大陸生死不明的，祝福她們健康，等到我們收復大陸時，就可歡聚一堂了。

後記

去年十一月，收到師大學長艾弘毅教授來信說，爲了紀念母校成立八十週年紀念，要出版一個特刊，希望我寫篇文章，我想，雖然眼睛有病，不能多寫，幾百千把字，總可以的；誰知拖到今年一月八號，一個字也寫不出，於是趕快給艾學長去信，請他饒恕我失信，豈知他一月十五號立刻回信，仍然要我寫篇文章獻醜，說也奇怪，居然花了兩天功夫，流着淚，寫了四千多字。

至於艾學長希望我在文中敍述一點旅美生活，還是免寫的好，因爲自從六十年，由臺赴美船上，跌斷右腿以來，天天都在不能自由行動，痛苦折磨之中，加之眼睛也發生問題，不能多看，多寫，我的退休計劃——多讀書，修改舊稿，出外旅行，繼續完成「作家印象記」，多爲佛教文學，兒童文學寫點東西……如今一切成爲泡影，怎不教我傷心！

本文寫得太雜亂無章，敬請艾學長及諸位學兄姊，學弟妹多多賜教，感激無涯，並遙祝大家永遠健康幸福。

民國七十二年（一九八三）一月二十二日黎明寫於舊金山

難得糊塗

記得是二十八年的夏天，我在南陽臥龍崗諸葛亮的茅廬裏，（其實諸葛亮的眞正茅廬是在湖北的隆中，而不是河南的南陽）看到了鄭板橋寫的兩張横匾：一張是「難得糊塗」；另一張是：「吃虧是福」。我問了價錢，立刻把兩張都買了，心裏感到萬分高興！

爲什麼我這麼喜歡這八個字呢？我不懂字；雖然板橋是清朝有名的書畫家，他的字裏包含着隸、楷、行三體，和他所畫的蘭竹一樣，秀逸有致，蒼勁有力；但我欣賞他的不是他的字，而是這八個字所代表的思想和他的人生觀。古語說：「水太清，則無魚；人太警，則無智。」一個太聰明的人，往往會被聰明所誤；一個太厲害太機警的人，往往得不着一個眞心的朋友；因爲人都害怕他，防備他，生怕上了他的當。「吃虧是福，難得糊塗」，是有連帶關係的，只有糊塗人才願意吃虧；同時吃虧的人，多少帶有幾分糊塗性。一個精明能幹的人，他一輩子也不願自己吃虧，因此他也得不着眞正的幸福。

我是一個糊塗人，小時候在家就有「岡猛子」這個綽號，一直到滿四十歲那年，三哥還在叫我岡猛子；我聽了不但不生氣，反而覺得特別高興。原因是我情願糊塗，情願吃虧；將來到了老年，自然會得着幸福——這是鄭板橋的經驗之談，一定不會騙我的。

至於爲什麼板橋會發這麼大的牢騷呢？一定是當他在濰縣做知事的時候，遇着饑荒年歲，爲老百姓請求賑濟，得罪了那些貪污之徒，就此罷免了他的官；他只好回到家來過着窮困的日子，連稀飯都沒得吃。讀了他的「哭惇兒五首」，那怕是鐵石心腸，也會爲之感動。例如：「天荒食粥竟爲長，慚對我兒淚數行；今日一匙澆汝飯，可能呼起更重嘗？」

又上墳悼念他兒子的詩：「我生二女復一兒，寒無絮絡飢無糜；啼號觸怒事鞭朴，心憐手軟翻成悲……」

最慘的景像，還在後面這首詩：「空床破帳寒秋水，清晨那得餅餌持？誘以貪眠罷早起，嗚呼眼前兒女兮休呼爺，六歌未闋即離家！」

可憐的板橋，飢無食，冷無衣；天寒地凍，沒有棉被如何睡得着？但他還在哄着女兒不要早起，免得挨餓，他自己爲了怕聽兒女的悲啼，也想趕快離開這個「枷」！

自古文人多倒霉，也好像紅顏薄命，成了一定的安排。當板橋四歲的時候，就死了母親，撫養他長大成人的，是一個姓費的乳母。這是一個心地慈悲的女人，她愛板橋甚於愛他自己的兒子。每天清早，當她背着板橋出去工作的時候，先要拿一個錢買餅塞在板橋的手裏，然後再做事情；如果遇着吃魚吃肉或者有什麼糖菓的時候，必定先給板橋吃了，然後他們夫妻母子再食。

有一年，實在窮得沒有辦法了，乳母不能不忍心離開板橋的家，去外面另謀工作。她先把板橋的祖母蔡夫人的破衣裳補好了，衣服洗乾淨了；把厨房裏的缸子甕子都盛滿了水；預備了幾十捆柴堆在灶下，才悄悄地走了。

這天早晨，板橋走進乳母的睡房，只見空空如也，房間裏是冷清清的；走進厨房，忽然看見灶上的鍋子裏，還溫着一碗飯，一碗菜，這是給板橋預備的；他見了非常傷心，痛哭了一場，飯是一粒也不能下咽。

三年之後，乳母因爲捨不得板橋，又回來了。這時，她的兒子已經做了提塘官，（清制，各省督撫派武職一人駐京，專司投遞本省與在京衙門往來文報，叫做提塘官，其職屬於兵部。）想迎接她到京城去奉養；可是她怎麼也不肯去，她一定要守着鄭板橋；板橋有兩句詩是描寫乳母的：「食祿千萬鍾，不如餅在手。」其實這兩句話，也是板橋自己的寫照，他是個不喜歡做官而情願過窮苦日子的人。

乳母歸來之後，對於板橋更加愛護，一直在他家裏住了三十四年，活到七十六歲才死。

飲水思源，鄭板橋的詩，其所以這樣溫柔敦厚，充滿了人情味，不能不說多少受了乳母的影響；因爲乳母是熱情的，重義的，捨己爲人的，所以板橋的詩裏，也充滿了這幾種精神。

「難得糊塗」，「吃虧是福」這兩張字，我雖沒有帶在身邊，現仍藏在北平；不知將來回到大陸，還能不能找到？可是鄭板橋這種安分守己，厚道爲人，情願自己吃虧的做人方法，是深深地影響了我的。

我第一次照相

記得五十年前，我還不到十三歲，大哥忽然有一天對爸爸媽媽說：

「十天以後，我要請一個照相師來給我們照個全家福，請爸爸先向祖母疏通。」

「你祖母不會答應的，」母親緊接着大哥的話說：「她老人家說，照相是洋鬼子要把我們的靈魂照去，凡是照過相的人，不久就會死掉的。」

「這是鄉下人造的謠言，他們反對西醫，也說洋人開刀，是要把中國人的心拿去做他們的補藥，他們長壽，我們短命；如今又說照相是洋人發明的，也是爲了要消滅我們的種族。這是個極嚴重的問題，我們負責教育工作的人，如果不說服他們，後果將不堪設想。」

大哥的一段說教，爸爸聽了，只是不住地搖頭。媽媽說：

「好了，好了，你不要囉嗦了，我來勸勸看，假如她老人家一定不肯，千萬不要勉強她照；要不然，卽使腰酸背痛一點小毛病，也會把責任推到照相身上的。」

＊　＊　＊

也眞虧了母親的三寸不爛之舌，她終於說服了祖母；並且指着客廳裏牆壁上掛着的相說：

「媽，您看這幾張相片，不是他們初中畢業時候照的嗎？他們還不是好好的？」

祖母沒有說甚麼，彷彿是默認了。

臨到照相的那天，在我家來說，眞是一件破天荒的大事情。從清早開始，全家十一口人，除了父親和三個哥哥外，我們七個女人從清早就開始準備。我是從小不愛穿花衣，更討厭打扮的；可是照相那天，我也穿了件新淺藍色竹布衣，領子有三寸多高，裏面還穿了件棉襖；因爲是多天，我的褲腳管，用兩條黑布帶綁着，鞋是尖尖的。這張相片，我至今保存。（是民國十幾年，我已記不清了。）有一次我把相片偷偷地帶到長沙，在照相館洗下我的單人相。這是我生平第一次照相，也是此生最値得紀念的一張；可是現在早已褪色了。

我很後悔，在我讀中學的時候，最討厭照相。因爲一來花錢；二來耗費不少時間，在攝影師的指揮下，人只能像個木偶，死板板地坐或者站在那裏，一動也不許動。我不喜歡這類照片，我羨慕那種可以照動作的照相機，後來終於買了一架；而且自已學著沖洗、放大，甚麼顯影、定影藥水、器具都買了全套，把我在厦門中學賺的薪水，全部拿來花在照相上面。

那時候，我對於照相，可以說，到了狂愛的地步，不管朋友、學生來看我，一見面就要勉強他們照相。

「唉！前幾天不是剛照過嗎？怎麼今天又照？」

我知道朋友不耐煩，原因是我照壞了，有時沖洗太濃或者太淡，總有點毛病。當時沒有找到好老師教我，自己一個人在黑房子裏摸索總是不成的，因此我完全失敗了！

我最高興旅行，又喜歡寫寫遊記，發表這一類文章時，朋友老向我索照片，我總是搖搖頭。唉！如果我學會了照相，這就不成問題了。

我不但喜歡照相；而且喜歡保存相片，特別是小朋友和風景照片；不過有一點我得聲明，我有惰性，不喜歡在每張相片反面，註明某年月日、與某人攝於某處。其實這是最要緊的。

目前在臺灣，正是提倡傳記文學時代。在這一方面的材料中，文字記載固然重要；而照片更是不可缺少的第一手資料。

國語日報的「小朋友影集」，我是經常看的，他們現在是兒童，一二十年後說不定個個都成了大人物呢！

怎樣保存相片和底片，使它不褪色，不變樣，這是要向攝影專家請教的。

我是家政補習班的老學生

我在很小的時候，常常聽到祖母說：

「活到老，學到老，還有三樣沒學到。」

「奶奶，是那三樣呢？」我問她。

「我也不知道是那三樣。」她老人家很坦白地回答我：「這不過是形容我們人類整天在學習，一直到死，還有很多東西沒有學會。所謂三樣，不過舉個虛數而已；其實，我們不知道的東西，何止三百樣，三千樣啊！」

祖母感慨地說。

後來年齡漸漸大了，在中學時代，自以爲懂得的學問很多，非常神氣；回到家裏，手裏整天拿着書，絕不願上廚房看看。在炎熱的夏天，一看見母親和嫂嫂在廚房煮菜，那種滿頭大汗的情景，我便奉勸他們：

「算了吧，這麼大熱天，還做什麼菜；用開水泡飯，吃點泡菜，不就得了嗎？」

「最好，連冷飯泡菜也不吃，餓着肚子，不是更省事嗎？」母親諷刺我，我無話可答，只好沒精打彩地溜開了。

先母是個烹飪能手，她並沒有進過家政學校，也從來沒有看過食譜，完全憑自己的經驗，和學習研究的精神。她做的菜是那麼清爽可口、色香味俱佳。照理，我在家，長到十二歲才離開故鄉，應該學幾樣菜才對。可是當時一來年紀小；二來，老實說，當時最看不起家事，以爲整天在廚房裏忙做飯，是最沒有出息的人。每年寒暑假回到家裏，只知道想吃好菜，例如冬筍炒臘肉、紅燒栗子鷄、臘鷄、乾魚、煎荷包蛋……什麼都想吃，只是不願意學。

記得當時正值希特勒提倡「婦女回到廚房去」，我們都大罵他封建、反動、頑固，我們自己辦壁報，把希魔罵得體無完膚！現在想起來，眞是有趣極了。

結婚以後，老感覺不會做菜，是一件對不起丈夫的事；尤其每次在朋友家裏吃飯，總有她們幾個拿手好菜端出來；而我回請她們時，只能上館子或者叫菜，實在難爲情，於是我下決心要去學烹飪。

這是我進師大家政補習班的動機。

全班二十多人，只有我一個老學生，我非但一點不覺得難爲情；而且我非常得意，非常高興！我常常想到九十二歲的摩西老太太，尙且有志開始學畫，我爲什麼不可以學烹飪呢？我還不到六十歲，比起「摩西祖母」來，我年輕多了。

那兩個月的學習生活，是多采多姿，每星期三晚上的七點到九點兩個鐘點，過得非常快。每次由余老師示範兩道菜，做好了，值日的同學，給每人分一點品嘗，那味道眞香，又鮮又可口；只恨太少了，吃得不過癮。（現在一想起，幾乎要流口水呢。）我很慚愧，雖然學到了十六個菜；可是「畢業」以後，回到家來，做得最多的是紅燒魚頭、輭炸裏脊；因爲這兩樣菜的成本不算太高，做法也較簡單。

「天下的好廚子是男人，好裁縫是男人，好理髮師還是男人。你們女人呀，什麼都落後！」朋友常常這樣開玩笑說。

眞的，許多廚子出國了，許多大飯館的廚子都是男人；不過，我並不承認女人不如男人，什麼都落後；如今有許多訓練廚子的機構，不是由女人在主持嗎？黃媛珊女士還在美國開過好幾個烹飪講習班呢！師大的家政訓練班，是鼎鼎有名的，愚笨如我這樣的老學生，也懂什麼是「高湯」，什麼是「起油鍋」了。哈哈！

* * *

兩個月的老學生生活，像流水一般逝去了；但留在腦海裏的是一段溫馨愉快的回憶。我還想去做學生，只要退休之後，我有時間，還要去學插花、縫紉和手工呢！那時更是名副其實的老學生了！

我與飛蚊症

「聽說你最近眼睛患了飛蚊症，我不知道這是一種甚麼病，是不是蚊子在你眼睛上面咬了一口，毒素進到肉裏去，所以生病呢？還是有別的原因？請你詳細地告訴我；如果要買什麼眼藥，請你寫出名字來，我馬上買了爲你航空寄去。」

一位在海外的朋友，這麼關心地給我來信。

東郭牙先生也在一家晚報上，寫過一篇文章，他很掛念我的眼疾；但不明白飛蚊症究竟是什麼病況；還有許多朋友都問起這個新鮮的病名，等到我說明之後，她們都會大爲驚訝起來：

「啊，糟糕！我的眼睛也有這個毛病呢！」

究竟是什麼是飛蚊症？它的起因是什麼？我們應該怎樣保護它？治療它？且聽我慢慢道來。

俗語說：「久病成良醫。」我吃了四十多年的藥，我曾給盲腸、鼻子、眼睛開過五次刀：也曾摔斷過手，扭過腳，患過胃病、心臟病、高血壓、糖尿病（現在還沒有好）。寫到這裏，我的眼睛，很自然地看到列隊擺在我書桌上的藥瓶，不覺苦笑了一聲，心裏暗想：我是一個整個軀體有毛病的人，何必寫出來使朋友爲我躭心呢？其實我是很樂觀的，從來沒有害怕過「死」，我把「死」看做像睡覺一樣，看做到極樂世界去定居；尤其自從我皈依三寶之後，更加達觀，更加置生死於度外了。

好了，閒話少說，且談飛蚊症吧。遠在五年前，我只要一閉眼睛，右眼就發現很多小小的黑點在移動，我覺得很高興，以爲我的眼裏出現了金星，會走好運了，後來黑點慢慢地越來越多，有的聚在一塊兒像變化萬千的雲彩，也像一棵樹，有幹、有枝、有葉，怪好玩的，沒有把這個秘密告訴任何人，包括丈夫兒女在內。

三年前，開始看到睜開眼睛時，有少數黑點在蠕動；最初，我還以爲是那種小黑蚊子，我用手去拍它，誰知不但拍不著，反而越來越多；最討厭的是我看書時，黑點在書上晃動；寫字的時候，它又在紙上搗亂。我心裏又氣惱，又拿它莫可如何。

這時眼睛開始視線模糊，晚上如果多看兩頁書，或者多寫三、四百字，（我在青年時代，曾有二十四小時能寫一萬三、四千字的記錄；來到臺灣，也能一天寫七、八千；如今，唉！兩千字都不容易了！）眼睛就會流淚，紅腫。我開始感到恐慌，我害怕這樣下去，說不定有一天會成爲瞎子。我去公保看眼睛，向陳榮新、謝運璠幾位眼科大夫請教，這時我才知道，這些黑點在眼前浮動的叫做飛蚊症。

至於爲什麼有這種現象發生呢？據說一個最大原因是眼睛用得太多，沒有時間給它休息，怪不得我睡了一夜醒來，有時黑點忽然統統不見了；到了下午或者看書、寫字之後，黑點又來了。它像變魔術似的，有時消逝，有時出現。消逝時如萬里晴空沒有片雲，我感到舒服極了；出現時，我把它看做魔鬼，我恨它，咒罵它；但拿它無可奈何。

還有一個原因，是所有老年人普遍的現象，因爲眼睛裏面玻璃體壞了，無法避免黑點侵犯。唉！誰叫我老呢？經過大夫的檢查，他安慰我說：

「千萬不要難過，只要多休息，多看綠色，多吃維他命A、B、C的食物，黑點一定會慢慢減少以至消滅的。」

「飛蚊症厲害的時候，會不會變爲白內障，甚至於瞎了？」我問陳大夫。

「不會的！像你一樣，過去寫得太多，視力透支，所以才有這種現象；從現在開始，應該多多休息，最好住到鄉下去，天天看綠色的東西，好好休息一年半載，包你會好的。」

其實我知道這是陳大夫安慰我的話，有人告訴我，這個病，也許可能失明的。

治療的方法，可以吃藥、打針、點藥水、藥膏。我現在每個月只去公保一次，看內科、眼科。我的眼藥有很多種：除了公保的藥膏藥水外，還有朋友們和兒女自東京、菲律賓、香港、美國寄來的，我都帶去請陳大夫指教能不能用。他說，這些藥無非是增加營養的，都可以用。也許近來眼睛的營養改善了，所以我可以開始寫短文還債；兩千字以上的，就敬謝不敏了。患了這病之後，我有一點小小的心得，我應該寫出來。過去我看書，寫文章，一連兩三個鐘頭不休息，所以把眼睛弄得疲勞不堪，有頭暈目眩之感。自從朋友送我一個定時鐘以後，我就每次工作一小時，休息十分鐘，閉上眼睛什麼都不想，十分鐘響過之後，我又開始工作，就覺得舒服多了。

還有，千萬不可躺在床上仰著看書；看電視，最好改爲聽電視，不用眼睛，只用耳朵；打電話可以閉眼睛，坐車的時候也閉上眼睛。醫生還告訴我：「必要時，上課也可閉眼睛，和熟朋友談話，也可閉眼睛。」

「那豈不完全成了瞎子嗎？我辦不到。」

唉！飛蚊症，這就是所謂飛蚊症的簡單說明。朋友，如果您也發現有這種現象，請你趕快去請教醫生，千萬不可大意；假如我在五年前就開始醫治，也許現在不會有這種痛苦了。自作自受，我能怨誰呢？……

六十年一月十五日

戒煙記

「來一支吧？」

「不！謝謝！」

「不會吸嗎？」

「早就戒掉了！」

每當做客人的時候，總要和主人來那麼幾句對話，其實爲什麼不乾脆地說「不會吸」呢？

煙，一直到現在，我還想不起它是什麼滋味，吸了它，究竟有什麼好處；但在二十多年前，我確實曾狂熱地吸過它，而且把它看做第二生命似的，一天沒有它，便好像離開一個至好的朋友一般，感到寂寞；尤其當煩悶到極點，或者心裏有一個什麼難以解決的問題使我苦惱的時候，煙，簡直成了我的救星。躺在床上，燃上一支煙捲，看著一縷縷灰白的煙從嘴裏吐出，好像一切煩惱和痛苦，都變成了煙，甚麼都沒有了，心裏感到無限的輕鬆，無限的愉快。

究竟從那一天開始吸煙，我已經記不清了，彷彿是聽到朋友說過：煙，可以提醒精神，可以解除苦悶，還可以幫助你和一個陌生人發生談話的關係，更可以幫助你思想，解決一切難題……

民國十九年至二十年，是我在女師大最後的一年，也是我有生以來，最忙最苦惱的一年。白天，除了自己聽講外，還同時擔任了兩個中學的國文。同學們看到我常常在清早便提着書包走了，直到下午才回來，她們不知道我整天忙些什麼，原來是爲了生活。一個二十多歲的年青人，照理應該享受一點所謂青春的快樂；然而我，上天好像早已替我安排好了一個悲苦窮困的命運，我需要忍受一切物質和精神上的痛苦，然後才能生存。

記得有天晚上，我實在疲倦得不能支持了，堆在桌上的作文簿，足足有一尺多高；本來一小時可以改四、五本的，現在竟連一本也改不完了，一雙眼睛怎麼也打不開，我很生氣地用力捻我的手和腿；然而不中用，卽使捻的青一塊、紫一塊，痛一下又沒有反應了，一雙眼皮，又疲倦地闔了攏來；這天晚上，我終於伏在桌上睡了一夜。

第二天晚上，我用了五角錢，買了一筒美國牌的香煙，裏面裝了滿滿的五十支。在我覺得疲倦的時候，連忙吸上一支；果然，朋友說的話靈驗了，它眞能提醒精神；可是煙剛吸完，又沒有精神了，只好再燃上一支。起初吸的時候，覺得有一種很濃的煙味嗆口，喉管裏感到一種又痲又辣的滋味，非常難受；過了幾天，這種刺激漸漸地習慣了，反而覺得沒有它，喉嚨好像有點癢癢的，怪不舒服的感覺。

從此我吸煙了，而且居然上了癮，一天不吸它，便好像一天也活不了。最奇怪的是，白天可以不吸，一到晚上改卷子或者寫文章的時候，一定要吸煙才有精神，否則，兩隻眼睛怎麼也打不開來。

「小兵，你這壞習慣，是從那裏學來的？整天燒，連手指都燒焦了！煙又這麼貴，還不省下幾個錢；連飯都吃不起，還抽什麼煙？」

同房的段超人像一個多嘴的老太婆似的這麼罵我，但我沒有回答什麼，只是苦笑了一聲。

究竟煙有什麼好吸呢？我至今不明白。在當時，我把它當做我唯一的嗜好，也是唯一的伴侶。在飢餓的時候我需要它，在寂寞無聊的時候我需要它，在工作最繁忙的時候，我更需要它！這時候，煙簡直成了我的恩人，精神上的安慰者。

這是個可驚的數目！有時候，一個晚上，我可以抽五十支，一支連接一支，不讓它間斷，要這樣，我的精神才能支持，工作才能完成。

那時的稿費，恰恰也是千字五毛，爲了吸煙，我每天照例要寫一千字；但稿費往往一兩個月還拿不到手，賺錢這麼困難，而我的吸煙，反而越來越上勁了。

「你告訴我，吸煙究竟有什麼益處？我一見你那種吸煙的姿勢，便非常討厭，一個女人，不應該吸煙，那樣子實在太難看了！」

段超人越生氣，我的心裏便越高興，我吐出一口煙泡，故意慢騰騰地回答她：

「朋友，何必呢？我又不是你的丈夫，管得那麼嚴幹啥？」

結果她氣得一聲不響地走開了，我的臉上留下了勝利的微笑。

後來生活一天比一天更艱苦了，我回南方的路費，還是朋友賣了結婚戒指送給我的，就在這時，我下了戒煙的決心！

「大丈夫做事，拿得起，放得下！從今天起，我永遠不吸煙！」

一直到今天整整地二十二年，我遵守著民國二十年訂的戒條，本想一支也不吸；可是在抗戰勝利那年，由重慶到漢口，在船上，被銘成硬勸我抽了一支幸福煙，從此破了戒，有時迫不得已也吸一支應酬煙；總覺得這只是一種多餘的浪費，並不是需要。

煙，究竟是什麼一種滋味呢？日久淡忘了，說也說不明白。

在煙價這麼昂貴的今天，我幸而早戒掉了；否則，這一筆開支，我從什麼地方去獲得呢？

生活在書堆裏

我愛書，應該從我很小的時候開始說起。

別人的家是嚴父慈母，或者慈父嚴母，我不知道；而我家的確是母嚴父慈的，因此我們兄妹五人從小就喜歡和爸爸親近，如果一看見媽媽板着面孔，我們就一個一個溜向書房了。

書房，這是我們最高興去的地方，爸爸一手佈置得井井有條，窗明几淨，隨便你找甚麼參考書，只要爸爸一伸手，便可以找到。

「書，一定要分類，甚麼書放在書架的第幾層，放在左邊或右邊，都要有一定的位置。不可亂放，不可亂抓。」

像這樣的話，我不知道從父親嘴裏聽過多少遍了。

「你三歲的時候，就喜歡跟在你爸爸的後面爬到樓上去看『畫畫』（卽書中的插圖）。說也奇怪，別的孩子喜歡一看見書就撕；你卻很特別，從來不撕書，只翻看裏面的畫畫。」

祖母曾經不止一次地這樣對我說。由於我最早看的那本水滸傳，也是由於看插圖而引起興趣的，更加證實了祖母說的都是事實。

父親的藏書究竟有幾萬或十幾萬册我不知道，只記得我家新蓋的樓房，六間大房都是他老人家的藏書之所，還有擺不下的就放在樓下的客廳裏，書房裏。

「這些書又不能當飯吃，不知道你爸爸爲甚麼這樣喜歡它。」

有次媽在房裏說，爸爸立刻回答她：

「爲甚麼不能當飯吃？我每年賺回來的銀寶，銀元，不都是教書賺來的嗎？」

「教書要讀這麼多書，太麻煩了。我情願你回家來休息，不要傷腦筋。我種菜養猪也會維持這個家。」

「你不了解讀書的快樂，上了癮之後，寧可三天不吃飯；但不能一天不讀書。」

父親的話，更引起媽的反感：

「好極了！以後我們就不用做飯了，你們都去啃書本吧。」

* * *

「一日不讀書便俗不可耐。」父親常常這樣勉勵我們。而偉大的 國父，更加強了讀書的重要性，他說：「我一天不讀書，便不能生活。」是的，我也有這種感覺，假如一天不看幾頁書，也不看報，便覺得腦子裏空空洞洞，甚麼也沒有；內心的空虛，更加難以形容。

大凡喜歡讀書的人，都有藏書的嗜好，我自然也不例外；可是我與別人不同的，對於書，我並無「私有財產觀念」，我看過的書和雜誌，隨時可以奉送給朋友、學生。最近兩三年來，我捐贈給慈航中學、智光職業學校、太虛佛學院以及師大同學的書刊，有一千八百多部，現在還在繼續贈送中。我總覺得書應該是流通的；尤其是好書和新出版的文藝雜誌，看完之後，不應該束之高閣，最好大家輪流看；可惜我沒有多餘的房間；否則眞想辦個私人圖書閱覽室，使許多失學的青年朋友，都有機會來看書。

爲了鼓勵師大的同學研究新文藝，我不惜花了不少薪水來買世界名著，那天看到他們三十多人來借書，像一陣旋風似的捲走了我一百多本書，我對着空空的書架，嘆息了一聲；可是立刻我又高興起來，我知道他們看過之後，每個人都有一篇很好的書評交給我的，於是我又把藏在另一個書櫃的書找出來，塡補架上的空虛。

「我下決心不借書給學生，他們有時把你的書看得稀爛，有時丟了，我看你也關門了吧，不要再借了。」

有一天，一位師大的男同事對我說，我謝絕了他的好意。

「我不能因噎廢食，儘管有借書不還或者丟了、破了的，但這究竟是少數現象，我不能因小失大。希望他們借書的人，按時還書，愛惜它，不失信，那麼我一定繼續下去；萬一發現再遺失書，也不賠償（要同樣的書），那就只好眞的關門大吉了。」我回答他。

過去在上海，我最喜歡逛四馬路買書，北平的琉璃廠也是我經常在星期天或者晚上必去光顧的地方，那裏的書眞多，又好又便宜，不像牯嶺街的舊書攤，有些又破又貴。來臺灣以後，我藏書的興趣大減，原因只爲了無地方可放；還有一件令我傷心的事：爲了經濟一時周轉不靈，竟把一部「大漢和詞典」廉價出讓，至今我還在傷心，我相信總有一天，我仍然要把它買回來的。

暑假在美國遊歷了三個多月，我一點也不羡慕人家的物質文明，卻特別羡慕他們圖書館藏書的豐富。在密歇根大學的圖書館裏，發現了我的十七本書，其中「麓山集」是我二十多歲時的作品，我早已沒有這書；後來我特地叫定文爲我借出來，在赴紐約途中讀了一遍，我又高興又難過；高興的是：十幾本絕版了的書，都看到了，有如老友久別重逢，悲喜交集；難過的是：這些書非但在自己國家的圖書館找不着，連我自己也沒有留下一本，這究竟是誰之過呢？

總之，我一生愛書，喜歡生活在書堆裏，將來我死了之後，爲我殉葬的也應該是我的書和日記吧。

五七年十二月九日

書的毀滅

這也許是受了父親遺傳的緣故，我從小便愛書。

在我的故鄉，有一種這樣的風俗：一個小孩生下來，不論是男是女，在他滿一週歲的那天，做母親的要用盤子盛了鷄蛋、錢、鮮花、毛筆、算盤等等來試驗他，注意他最初拿甚麼東西；如果是蛋，證明他好吃；假若他先拿花，表示他愛色；如果是錢，就暗示他長大了愛財，說不定還是個貪官；假設最初拿的是筆，那麼他將來一定是個讀書人，該窮一輩子；要是他撥動着算盤，證明他是個商人，將來一定會發大財；這就男的方面而說。假使生女孩呢？那麼筆就取消了，代替着的是一束紅紅綠綠的絲線；算盤也不見了，另換上了一條尺；用不着說明，一看就明白，女孩子是只配做針線，不能讀書，也不能當商人的。

當着許多來賓的面前，舉行這個「抓週」典禮，是相當熱鬧的：一切人的視線，都集中在這個穿了新衣裳的孩子手上；如果他一動手便抓到錢，就大家鼓起掌來，雖然孩子能不能長大，或者長大了，卽使眞能賺錢，而這錢是不是能否送給今天在座的每個人，這都是問題；但錢究竟是誰都愛的，所以不知不覺地大家都鼓起掌來。

母親曾經告訴我一個關於我「抓週」的故事：

那年的秋天，恰巧父親在家，他主張男女應該平等，一樣地受教育，他不許母親把筆拿走，要試驗我將來最愛的是甚麼。據一般人的心理推測，以爲孩子最喜歡的是花，其次是蛋，或者是錢；可是出乎他們意料之外，我一伸手就緊緊地抓住了那支筆桿，媽媽想從我手裏將筆拿下來，試探我第二件東西拿甚麼，我卻哇的一聲大哭起來，什麼也不要，只死死地抓住那管筆不放。看的人都驚訝起來，只有父親高興得連眼淚都流出來了。

「她是我的好孩子，什麼都不要，只愛寫字讀書。」

父親得意地說着。

「女人讀書有什麼用處？卽使科舉恢復，也沒有女狀元可中了。」

母親很不高興地回答父親，幸而有許多客人在那裏，洪大的笑聲，隔斷了父親的聽覺，假使只是他們兩個人，又會大吵一架的。

記得當我八、九歲的時候，母親逼着我繡花，說我假如不多繡些花，將來出嫁的時候，什麼嫁粧也不給我，當時我很生氣地回答她：

「什麼嫁粧都不要，我只要父親的書。」

說起父親的書來，實在是相當驚人的，不但幾座大房子裏的樓上堆滿了書架，連箱子裏，衣櫃裏，床底下，樓梯下面，無一處不是書。因爲年代太久，書櫃被老鼠咬了許多洞，書更被牠們咬得只剩三分之二了；更多的是那些黑色的、白色的小蛀蟲，牠們躲在書頁裏從出生到死亡，養育兒孫一代又一代，父親非常痛恨牠們，每年到了陰曆六月六日，把所有的書搬出來大晒一次，鄉間的迷信，說這天晒了的東西是不會生蟲的；其實滿不是這麼一回事，蛀蟲仍然是年年有，根本無法消滅牠們。

因爲愛讀書的緣故，從小學時候起，就喜歡買書。記得在長沙稻田師範讀書的時候，即使在圖書館看過的書，那些好的，我也要每種買一本來鎖在箱子裏；因爲我還想看第二遍，更喜歡在上面寫些小注解，或者加上些圈圈點點。二哥從山西寄給我的零用錢，或者三哥給我的稿費，我都用在買書上面。慢慢地我的書越來越多了，於是買了幾個篦片箱子來盛它，每年寒暑假回家的時候，我就雇了挑夫一擔一擔地挑回家，明知花了錢會挨母親的罵；然而父親是高興我這樣做的。

後來進了女師大，更加高興買書，儘管窮得沒有飯吃，沒有衣穿，書是不能不買的。這裏有一個笑話，我曾經在「女兵十年」裏寫過的，因爲繳不起飯錢，廚子想把我的箱子搬去做抵押，沒想到打開一看，裏面盡是書，他很失望地丟下不搬了。其實他那裏知道這才是無價之寶，若是他搬去了我的書箱，我準借了錢來贖的。

二十餘年來，爲了我的流動性太大，到處飄泊，一直到現在還沒有一個固定的家。所以我的書不能聚集在一起，什麼地方都有一點。最使我傷心的，是在日本買的書，在我被捕的那次，全部被警察署沒收了。哥德，普希金，托爾斯泰，莎士比亞，易卜生，屠格涅夫……這些名作家的全集我都買了；但那些可恨的，橫蠻不講理的傢伙，連同我的日記、著作、相片、書信統統沒收，不肯發還，這仇恨，我是至死不能忘記的。

其次，長沙大火的那年，把我寄存在劉子程先生家裏的書籍，全部化爲灰燼了！後來連子程先生也不幸永別了人間，使我每一憶及，便有無限的傷心！

和書同時殉難的，還有滿玻璃櫃的小玩藝兒，三嫂替我帶了兩件回家，後來又從遙遠的臨武取來托人帶給我，現在還擺在我的桌上：一件是有一對小鵝的墨水瓶，一件是一個日本負薪讀書的經濟學者二宮金次郎的小錫像。小玩藝兒也是我心愛的東西；不過拿書比起來，我自然要痛愛書，而寧可犧牲小玩藝兒了。

長沙大火，許多人感到痛心，他們是痛惜房屋被燬，損失財產太多，而我覺得房子燒了，只要有錢，可以再建；只有書被焚了，那怕你有再多的錢，也無法買回來，因爲許多早已絕版，在我看來，燒了書比燒了房子還要嚴重萬倍。

抗戰以後，我又買了不少的書，存在重慶一個教會裏面，還有我那口裝子彈的箱子裏，（這是一位在戰地認識的朋友送給我的）盛着許多戰利品；後來日本軍閥的炸彈，又把我的全部財產炸個精光，他們好容易在泥土裏替我挖出來了四隻炸破了的花洋磁菜盤，那時我正在西安，范定九先生還特地託人替我帶去，我把破了的地方叫錫匠修理好，每逢朋友來家吃飯的時候，便要敍述一遍關於這四個盤子的遭遇；同時還要提到那些被炸毀的書，好像得到朋友們幾聲同情的嘆息，我的心裏就很舒服似的。

經過這幾次的災難，我對於藏書的熱情，漸漸地冷淡下去。三十二年的春天，我回到故鄉替先父母掃墓，臨別的晚上，我爬上樓，看到還有幾箱新文藝和抗戰的書籍，我高興極了；更寶貴的是那些日記和友人的書信，相片等等都好好地保存在那裏，一點也沒有散失。我把相片帶去成都，日記和書信，書籍，仍然鎖在樓上。沒想到第二年，敵寇侵入新化，離我家只有七、八里了，嫂嫂他們害怕因為我那些抗戰書而惹出什麼大亂子來，索性打開箱子把我的書全部燒燬，和那面「湖南婦女戰地服務團」的團旗，她們也用剪刀把字剪掉，僅僅保存了幾塊紅布條。當我從三嫂手裏接到這些碎布的時候，眞使我難過得流下淚來。

十多年來，我們由西安而成都，而漢口，而北平，而臺灣，為了交通困難，什麼也不能帶，笨重的書，自然更在被拋棄之列；幾乎成了一定的現象，每次當我換一個地方時，總有一大批書和雜誌送給朋友，他們得着了這份禮物的，自然很高興，而我的心裏每次都要感到酸痛的。

來到臺灣，跑到朋友家裏去，看到他們藏了許多書，我又羨慕又嫉妬；同時想起了自己的書來，又覺得非常痛心！儘管在這樣物價高漲的今天，我仍然忘不了買書，我希望將來有一天能够把我失去的書全部買回來，只可惜那些絕了版的就永遠無法得到了！

夜夜吐心聲

我已經記不清是從民國十二年還是十三年的冬天開始，在臨睡之前，忽然想到要寫日記，一天做過的大事記下來，主要的是反省一天的生活：對同學有不禮貌的地方嗎？接到家信沒有？看了些甚麼文藝作品？有甚麼心得？明天該做甚麼事？……假如遇到星期六，總是寫下一堆，彷彿是一週大事記，又像是一星期的檢討。

——日記，是我的秘密，也是我的心聲，我愛怎麼寫就怎麼寫，多麼自由；但我不能讓人家看到。

有了這種思想之後，我對日記發生了奇妙的感情，一天不寫，當天晚上，連覺也睡不好，有時睡到半夜，會忽然驚醒：我今天還有一件事沒有做完，於是一骨碌爬起來，趕快把日記補寫好，才能平安地睡到天亮。

從少女時代開始寫日記，到今天白髮蒼蒼，齒牙脫落的老太婆階段，雖然只有四十多年；可是一天沒有間斷，這種精神也應該算得上「有恆」的。

究竟我爲甚麼要寫日記？它給予我的快樂多呢？還是痛苦多呢？我可以大膽地說一句：快樂多於痛苦，儘管因爲日記的關係，曾經使我在日本坐過牢，受過刑；抗戰勝利後，我帶着一箱笨重的日記，曾經遭受過檢查行李的憲警許多麻煩，他們有的不肯放行，有的說要檢查之後才發還給我，遇到這種場合，總有一個人出來做和事佬的：

「作家的日記，都是些文章材料，看它做甚麼？」

只要有人這麼一說，我就高興了，雖然我不敢承認是作家；但只要不因日記惹麻煩，我就心滿意足了。

不錯，日記裏面大部分是文章材料；尤其當我到外面去旅行，或者到異國遊歷的時候，我的日記更加充實；但也更加潦草，往往因爲太忙，只寫下一些單字、地名、人名、或者名勝古蹟的浮光掠影；不過只要有了這些痕跡，寫起遊記來時，便有根據了。

記得來到臺灣的第二年，有位中央日報的記者突然來找我要沈崇的資料——她是北大一位旁聽女生，共匪有計畫地叫她勾引一位美國兵，先一同看電影，然後出來在王府井大街空地上，（確實地點我忘了，要查日記才知道。）故意大叫「救命！救命！」說是那位美國兵想要強姦她；結果，由於這件事，引起了全國各大學校的學生罷課遊行，高喊打倒美國帝國主義，鬧得滿城風雨，烏煙瘴氣。

「您怎麼想到來問我這件事的？」我問那位記者。

「聽說您是天天寫日記的，所以特地來找您，相信您不會使我失望的。」

於是我只好把日記統統搬出來查，好不容易才把正確的日子和地點查到了。由於這件事，使我想到應該在每本日記的前面，把一年的大事列出來，以便後來好查閱。

抗戰八年多的日記，是最珍貴的！有三年多我在前線擔任救護傷兵和戰地記者的工作，因爲便於攜帶，沒有用那種一年一本的大日記；而用三寸長，兩寸寬的那種小日記本，日夜塞在我的軍服口袋裏，有甚麼新的材料，隨時記上。在西安三年，曾經出版了六本有關抗戰的報導文學，這不能不歸功我的寫日記，

有時，實在疲倦得睜不開眼睛了，我還在用筆畫着。說也奇怪，我的腦子已經在休息了；可是不知怎的，突然會從筆尖下溜出一句莫名其妙的句子來，我怎麼看也看不懂，有時畫了許多豆芽菜在上面（很像馬來文），看了會啞然失笑。

「看你睏成這個樣子，還寫甚麼日記！」

儘管達明在諷刺我，我睜開矇矓的眼睛，望着他笑笑，又繼續着寫。

對着這滿箱子日記，有時也認爲它是累贅，恨不得一把火燒了它；可是當我一翻開來看

時，隨便那一本上，都有我忠實的心聲，眞情的流露，不管是快樂的，悲哀的，煩惱的，興奮的……我都很坦白地記下來。我眞希望早點退休，不再過又忙又亂的生活，我要好好地多讀幾年書，寫出我的研究心得，那時候的日記，才有價值呢！

五十八年四月五日寫於二三二教室

我寫日記五三年

楔子

六十三年，五月二十日。

我太對不起中南老弟了，在四年前就答應給「文壇」寫文章，到今天四年多了，這筆文債還沒有還；如果是錢債的話，利上加利，不知又欠了多少？

記得去年十月，我回國不久，就收到中南的信，問我什麼時候可以給他文章？我答應他的期限，是今年三月十五日以前，如今又過了兩個多月，我還沒有繳卷，太慚愧，太對不起「文壇」了。

今天一大早我就下了個決心，那怕一天寫一千字，在這個星期內，一定把四年前欠下的債還清。

爲了貪圖清淨，使文思容易集中，於是我來到師大的教員休息室，坐在從前常坐的桌子上，開始我的回憶。

一、寫日記的動機

記得五十八年四月五日，趁着國二同學上習作課的時候，我寫了一篇「夜夜吐心聲」，發表在國語日報副刊上，說明我從民國十年的冬天開始寫日記，當時的動機：

一、記述一天大事

二、自省，檢討生活

三、讀書心得

四、寫下個人的秘密

五、計畫明天或未來的工作

那時候，我是湖南省立第一女子師範學校的學生，一個初從新化謝鐸山鄉下出來的井底之蛙，腦子裏空空洞洞，什麼都不知道；唯一的特點是愛看書，不管古代的，現代的，中國的，外國的，小說、散文、詩歌、戲劇，什麼都抓來看，這就是後來爲我鋪成走上寫作之路的基石，使我廢寢忘食、熱烈地愛上文藝的原因。

二、寫日記的好處

寫日記的好處太多太多，我不想一項一項地加以說明，現在只舉出三大點：

一、養成有恆的習慣

青年守則上第十二條說：「有恆爲成功之本」，我雖然沒有成功過任何一件事情；但我做到了有恆二字。五十三年來，日記只間斷過兩次：第一次，民國二十五年，在日本東京坐牢，間斷了二十一天沒有寫日記；可是「在日本獄中」，補寫了我要記的。

第二次，民國三十二年，我由成都回到故鄉爲先父母掃墓，路過金城江，晚上一位朋友請我去聽京戲，回來時發現小偷盜走了我的小箱子，裏面是我的日記、文稿、相片、旅費……我很傷心，想從此不再寫日記。到了桂林，住在柳亞子先生家裏，他把我訓斥一頓：

「你的日記，無……無論如何，不……不應該斷……斷……斷的！從……從丟……丟了這……這天……開始……要……」

亞子先生有口吃的毛病，我看見他那種說話艱苦的情形，連忙接下去說：

「好，柳先生，我一定遵命，從今天起，恢復寫日記。」

三十一年來，我從來沒有間斷過，有時實在太忙，忘記了寫，睡到半夜，猛然醒來，打開日記本寫下幾行；也有時一夜沒醒，第二天一定補起來；更可笑的是，有時我實在疲倦得睜不開眼睛了，手還在日記簿上畫着豆芽菜，簡直像馬來文；也有時大腦完全休息了，閉上眼睛，從筆下突然溜出一句莫名其妙的話，我怎麼看也看不懂，字也潦草得無法認識。

二、寫作材料的泉源

我敢武斷地說：日記，是寫作材料的泉源。

根據我的經驗，每次在旅行的時候，我的日記材料特別豐富，有時在飛機上、輪船上、汽車上、火車上，我都記下我眼裏所見的，心裏所想的，這些都是我寫遊記、散文、小說的素材。「從軍日記」，「新從軍日記」，固然是我記載北伐和抗戰時期的一部分生活實錄；可是還有最珍貴的材料，存在我的小日記本裏，那是一本三寸長，兩寸寬的日記，裝在我的軍裝口袋裏的，有時躲在戰壕裏寫，有時在敵機轟炸下，躲在防空洞裏寫。這些用生命換來的紀念，我都珍惜地保存着。我其所以這樣愛惜它，並沒有其他目的，只是我把它們當作自己的兒女，自己的心血，我不忍心拋棄它。

三、特殊資料的保存

記得三十八年的秋天某日，有位中央日報的記者來訪，找我要有關沈崇和皮爾遜的資料。我很奇怪，平時我們查看什麼資料，都要到圖書館，或者報館去找，他怎麼反而向我要資料呢？

事實是這樣的：

沈崇是北大的一位旁聽女生，皮爾遜是個美國兵，他們一同在平安戲院看電影，共產黨事先佈置好，叫沈崇和他表示親熱，走到王府井大街，行人稀少的地方，皮爾遜想吻她，她就大聲叫喊：「救命呀！救命呀！」於是一時來了很多人，沈崇故意裝出很害怕很憤怒的語氣說：

「這個美國兵太壞，他要強姦我，我不要活了！」

一時動了眾怒，於是有的打皮爾遜，有的叫警察，第二天，所有北平各報，用特號標題，都登着這條社會新聞，而且鬧得滿城風雨，引起了全國各大學生罷課，遊行，反對「美國帝國主義」，原來這是共產黨佈下的毒計，叫沈崇做演員，先設下陷阱，讓這倒楣的皮爾遜跳下去。

我問那位記者，怎麼想到找我要這資料的？他回答因為聽說我天天寫日記，這是件大新聞，我一定記下了的。

不錯，我記下了這件驚天動地的新聞；但花了我將近兩小時，才找出那件事發生的日期、時間和地點來。

三、日記帶來的災難和煩惱

所謂「災難」，是指民國二十五年四月，我在日本坐牢的事情，他們沒收了我九年的日記，從上面找出許多材料來，加我一些莫須有的罪名，使我受了不少折磨和侮辱。所謂「煩惱」，是指每次當我工作轉移，要遷居的時候，笨重的日記，成了行李中的一個大問題。記得由重慶飛漢口的時候，檢查行李的憲兵，叫我打開箱子，發現全部是日記，他不肯放行，說要留下檢查。我告訴他：「日記裏面絕無一句有思想問題的話；何況這麼多，你一時看不完；我的字又特別潦草，你也看不清楚，還是不要麻煩，以免有傷尊目。」

正在這雙方相持不下的時候，一位軍官走來替我解圍。

「她是位作家，日記用不着檢查，她不是搞政治的。」

這時，我眞不知道要怎樣感謝這位軍官。後來由漢口而北平，由北平來到臺灣，一路順利，沒有發生過麻煩；只是坐飛機，行李票太重，多花些鈔票而已。

現在我又增加了二十六本，這是三十七年秋天，來到臺灣以後的日記累積，又是滿滿的一箱，佔去一個相當大的面積。

四、日記和秘密

曾經有幾位小姐問過我：「你寫日記，眞的把心裏的話都記在上面嗎？」又有一位問道：「你是怎樣養成這個好習慣的？我記了三年多日記，終於怕麻煩，就中斷了。」

我的答覆是：假若依司馬光的看法：「事無不可對人言。」那麼什麼事都可寫出來，不應該有秘密。我們看了曾國藩的家書、日記、「盧騷懺悔錄」、「鄧肯自傳」……等書，就知道他們的內心有什麼，說什麼，沒有絲毫隱瞞；可是年輕的少男少女，他們寫起日記來時，一定要隱瞞許多愛的故事，更不敢在日記裏面說校長的壞話，或者罵某某老師太兇，像個閻羅王。她們如果愛上了男同學或者其他的男人，也會把名字用英文字母或者用一個只有她知道的代名詞。

那麼，在日記裏面，究竟應不應該保留秘密呢？我的答覆，是必要時，應該保留一點秘密。原因如下：

一位每天寫日記的朋友告訴我，她的先生經常偷看她的日記，有一次撕下了兩頁，有一次用紅鉛筆，在她的某天日記上畫得亂七八糟，很顯然地，他是不願意太太寫些批評丈夫的話。也許這位太太早已知道他有偷看別人的日記、書信的習慣，所以她有意這麼寫，使丈夫看了有機會反省一下；而這位先生是個有特別優越感的人，自尊心很強，從來不肯在太太或別人面前認錯，說聲對不起；好在太太有修養，一切忍耐，所以兩人能相安無事。

還有一個例子：

女兒在日記上面，寫了幾句不滿意母親的話，被母親偷看到了，於是把女兒痛罵一頓，女兒一氣之下，從此再也不寫日記了。

我舉出兩個眞實的例子，說明在日記上，有些不能讓第三者知道的眞心話，還是藏在心裏比較安全，那怕你鎖在抽屜裏，也會有不顧公共道德的人，會想盡種種方法，套開鎖，偷看你的日記的。

五、日記的歸宿

這是一個有關我死後日記處理的問題。其實我早就作了決定：日記，既然是我自己的私生活，我活一天，就記一天，病倒了，只要我能寫，躺在床上也照樣寫；萬一手不能動了，嘴巴還能說，那就請朋友代記，正如三年前我跌斷了腿，有幾天日記，是邵小妹友仁根據我的口授寫的。

我死了，假如土葬，就把日記放在棺材裏殉葬；如果火葬，就同時燒了它。

「這些日記，燒掉太可惜了，可不可以想法出版呢？」

前年秋天，我在史丹佛大學，偶然和中文圖書館館長馬大任先生，副館長曾憲琳先生談起日記的事，馬館長這樣說。

「沒有出版的價值，都是一些流水帳，完全是私人的生活，沒有什麼學術性的。」我回答馬先生。

「不過你經過了三個大時代，你跑了不少地方，在文壇方面，你認識的作家不少，像『作家印象記』一類的作品，你應該寫；我希望你將來出版日記選集，假如統統燒掉，太可惜了！太可惜了！」

曾副館長說。

「謝謝兩位先生的好意，讓我想想看；然而問題來了，誰願意出版呢？」

「我們來想法出版。」

兩位先生同時回答。

話說完也就算了，沒想到前幾天收到馬館長的賀年片，他還在殷殷地問起日記的事來，要我答覆他如何決定？

我想告訴他，若是他眞的願意協助出版，我就出選集；否則，還是陪我殉葬的好。

寫到這裏，我突然想起上月收到一位日本朋友竹內好先生寄給我的兩本「女兵」，和一本「女兵の日記」。前者是「新從軍日記」的譯本，後者是「女兵自傳」的譯本。自從出版後，我只看到過廣告，這回是第一次讀到書。我佩服日本人對於出版事業的認眞，在「女兵」後面，附印了一張很詳細的地圖，凡是我們湖南婦女戰地服務團足跡所到之處，統統都有詳細的記載，也不知是那位熱心的日本讀者，他用鉛筆寫明九月十四我由長沙出發，根據「新從軍日記」的資料，那天到什麼地方都註明出來。

爲了別人這樣重視我的日記，我想不應該自暴自棄，把我在抗戰期間，在敵機轟炸下，在火線上躲在防空洞，戰壕裏，以及第一、第五、第十各戰區得來的材料，輕易地一把火燬了它，未免太可惜了，我想至少抗戰期間的日記，應該整理出來的。當時爲了放在軍裝口袋裏，所以只能用兩寸寬，三寸長的小日記本，爲了經濟時間，節省紙張，都是用速記的方法寫的，如今要整理起來，需要相當時間和精力，仔細想想，還是燒了的好，省得麻煩。

最後，我還要奉勸有志從事寫作的青年朋友，要想使文章進步，請從寫日記開始；還有一些沒有恆心的朋友，有的寫幾個月，有的寫幾年又中斷了的，千萬再從頭寫起，下個決心，不到呼吸最後終止的一剎那，千萬不要間斷！

後記

今天下午六時半，我終於把這篇短文草草結束了，看一遍，並不滿意，因爲對於自己的作品，從來沒有滿意過；假如不趕快用限時信寄給中南，也許沒有勇氣發表了。

我很輕鬆，至少今天這個時候，我的心裏覺得非常愉快，因爲我還了一筆四年前許下的文債。

六十三年五月二十四下午六點半

我爲什麼要寫作

在「聯副」上讀過不計其數的「我爲什麼要寫作」，每次我都有一種想寫的衝動。回憶我未滿十五歲那年，和兩位同學在唐天閒師長太太家裏吃飯。她買了一個小丫頭，將來要收房作姨太太，要我們當評審委員，命令小女孩走路給我們看，評她够不够格？我一氣之下，就假託腹痛回到學校，餓着肚子，寫下了一千字不到的「剎那的印象」，在長沙大公報副刊發表。這是我的處女作，從此走上了這條辛苦、煩惱，也充滿了快樂的寫作之路。

爲什麼到了八十一，還捨不得「封筆」？是爲了世間還有許多不平、悽慘、悲壯、苦悶、快樂、和未來充滿了光明、新希望的事，所以我要寫；爲了我的無數的可愛的青年和小朋友讀者，我更要寫！

我曾經說過，我要寫到呼吸停止的前夕，只要我的腦、手、眼還能够動。

金城江失稿記

金城江，這是一個使我永遠忘不了的傷心紀念地！我在這兒失掉了一些最重要的稿件、相片和我的日記。「在烽火中」的前半部稿子，跟隨我跑了一萬餘里路，至今無法續寫下去，原因是我那些寫小說的綱要和人物表丟了，我沒有勇氣再從頭至尾把它重讀一遍，再擬一個綱要和人物表出來。每一憶及在金城江之夜，便使我心痛萬分！那是三十二年春天，我從西安回到湖南故鄉爲先父母掃墓，花了三天的時光，從貴陽趕到了金城江；好不容易在漢湘旅館找到了兩間房子，我住一間，同車的同鄉彭、周兩人住一間。旅館的老闆是湖北人，說着一口道地的「你家，你家」的話，聽了怪親切的。房間裏面又黑暗又潮濕，看不見陽光，更不通空氣；而且是出乎意外的狹小，如果有兩三個人一同進去就不能翻身。房間裏全部的陳設，只有幾塊硬板子拚攏起來的牀和斷了一條腿，用磚頂着的桌子，這樣骯髒的小房間，老板還奇貨可居地不肯租給我們。

當天買不到去桂林的車票，第二天我跑去旅行社想辦法，他們也說早就賣光了，最好直接去找站長。還算運氣好，那位初見面的盧站長，是一個很直爽的東北人，他聽我說因爲急於趕在淸明節回去掃墓，提前替我買了張臥車票；只是二三等都買完了，只剩下一個頭等臥舖。爲了我急於趕路，同時多停留一天的花費，也許比買頭等票還要多，於是我只好買了頭等，明知在抗戰期中坐這麼好的位置不應該，何況我的旅費都是借來的；但在這種不得已的情形之下，只好來一次忍痛犧牲。

唉！誰想到就在這晚，上火車前的半小時，發生了一件使我悲痛發狂，幾乎演成自殺的慘事！

事情的經過是這樣的：爲着要把一件長袖子的藍布衫剪短，好在初夏的時候穿，我特地搬到對面那間有一個小窗戶的房子裏去，那是十分鐘前才空出來的。彭、周兩君見我搬了房子，他們也很高興。

「這裏有光線，你在候車的時間還可以寫文章。」

他們和我同車，知道我常常利用候車或者車子拋錨的機會寫東西，所以這樣說。

我很高興，不但自已買到了票，而且也替彭、周兩君買到了。在吃晚飯的時候，就答應了楊先生之約，去看他們征東劇社的「白帝城」，這是描寫三國裏面劉備托孤的一段，我曾在西安看過一次，那悲壯淒涼的情節，深深地感動了我，使我興起重看的念頭；但是，奇怪得很，好像有什麼大禍將臨似的，坐在戲園子裏，我感到忐忑不安，眼睛雖然望看臺上，耳朵裏卻聽不清楚他們唱的什麼；有時心裏像熱鍋上的螞蟻，有時又突然感到淒涼；等到我實在不能忍耐時，就站起來向主人告辭。

「忙什麼？還早得很呢！車子要十點才開，現在不過八點半，你回到旅館去，一個人枯坐在斗室裏又有什麼意思呢？」

楊先生再三挽留我，仔細一想，覺得彭、周兩君的幾件大行李既已過了磅交給行李房去了，我的兩件小行李，臨到上車時自己提上去就行，沒有什麼需要早到車站去的必要，於是又坐下了。

一顆心仍然不安，冥冥之中似乎眞有什麼神在暗示我立刻會發生不幸的事：也許是今晚的車子會出軌？也許留在成都的孩子和他的爸爸生了病？但是奇怪，我並沒有想到旅館裏會發生什麼事情。

「走吧，我們寧可到車站去候車，再不要聽戲了。」

這時楊君到前面找他的朋友去了，我這樣對彭、周兩君說。

「你剛才不是說很喜歡看『白帝城』嗎？」他們問我。

「不知爲什麼，我今天不高興看。」

「那麼我們走吧。」

連向主人告辭都沒有，三個人就那麼匆匆地走進了旅館。

叫茶房打開門一看，突然發現我的小皮箱不見了！

晴天一聲霹靂，我的心幾乎被打得粉碎了。

「我的小皮箱呢？茶房！」

我着急得忙用燈盞四處探照，而茶房回答我的是「不知道」三個字。

桌子底下，牀底下，房子的四角都找遍了，並不見箱子的踪影；三個人同時檢點一下其他的行李，絲毫也沒有損失，而且位置都是原來的形狀，一點也沒有移動過。

「爲什麼別的東西都在，單單失掉了一口箱子，這一定是茶房偷的。」

我把漢湘旅館的經理王金城找來質問他。

那個高個子茶房，立刻指着窗戶下面的那個破洞給我看。

「你看，小偷一定是從這個地方偷去的，抽開了一塊板子。」

不錯，板子是抽出來了一塊，窗戶外面就是通行人的小巷子，板壁很薄，而且釘得不結實，小偷從外面伸進手來偷東西是很可能的；只是爲什麼不偷別的東西，而單單偷我的小箱子？尤其令人奇怪的是，小箱子放在桌子的西角上，東角上放着茶壺茶杯，他拿箱子的時候，爲什麼沒有把茶壺茶杯碰到？周君的公事皮包、毛毯、大衣，我的大衣和鋪蓋，都放在靠近板壁的牀上，爲什麼賊要捨近求遠，不偷皮包、毯子、大衣，而偏偏要偷我的箱子呢？無疑義地這是茶房幹的勾當。還有一層可疑的，我臨走的時候曾吩咐茶房，要他鎖門，房間裏的燈不要吹滅；不料等我回來時，房間裏是黑漆漆的。我質問他爲什麼不點燈，他回說燈是點了的，被風吹熄了。

這時我着急得內心如焚，語無倫次，我只反覆地對王金城說着：「這是茶房偷的，非嚴辦不可！」其實如果當時立刻把經理和茶房押起來，我相信可以查個水落石出的；可惜我是個過路客，沒有什麼熟人在此，後來雖然找着了當地的警察所郝所長，他願意盡力幫忙；而且我又出了一張重價收買日記、稿件和相片的佈告，仍然找不到。

火車要開了，我帶着一顆傷痛的心，無可奈何地上了車。車房的稽查，還特別向我要了那個開小箱子的鑰匙去，並且問清楚了小箱子的顏色和大小尺寸，以便在檢查旅客時或許可以發現。

我兩隻眼睛直瞪着透明的電燈發呆，我想起了小箱子內的一切，沒一樣可以丟的。我的日記、圖章、名片、信札、稿件、相片、旅費及一切應用品和換洗的衣服都在裏面。稿件如「房東小姐的情書」、「從西北到西南」的一部份丟了還不要緊，最傷心的是我的日記和「在烽火中」的底稿和人物表。失掉了它，我的三十萬字的長篇小說，就無法繼續下去。相片更是最寶貴，有一本完全是湘兒的，從他出生第四天起，一直照到兩歲半，一共有三十多種照片，各種不同的姿勢和表情，每張都使人看了疼愛；而這些照片，如今連底片都找不到了，自然無從加洗。我越想越懊悔，爲什麼要把相片帶在身邊呢？爲的離開他我想念；帶在身邊，一則自己好翻看，再則帶回去給哥哥嫂嫂和關心我的朋友看看，以慰他們的想念也是好的。如今呢？什麼都沒有了！我自從十四歲出遠門，從來沒有丟東西像這回一樣丟得這麼慘的。越想越難過，我懊悔不該搬房子，不該去看戲；一隻小皮箱，爲什麼不把它時時刻刻提在手裏呢？尤其這隻小皮箱的來歷太不平凡了，我更不應該失掉它的！

那是二十六年的秋天，我在前方服務，有一天我由嘉定到蘇州去購買應用品，走進一家叫戎鎰昌的皮件店舖，看到有許多很精緻的小皮箱，我便詢問價錢，想買一隻盛稿件；和我交易的，是一位精明能幹的老闆娘。她一見王少雲的徽章有「湖南婦女戰地服務團」的字樣，便問我們道：

「你們都是湖南的女兵嗎？」

「是的。」

「那麼不要錢，這口箱子就做我慰勞你們的禮物。快拿去吧！不要錢！不要錢！」接著她又問我：

「你們的謝團長呢？現在什麼地方？」

「團長就是她。」

少雲指着我說，於是這位老闆娘高興得連忙搬凳子，倒茶，就和我談這談那；不過因我還有事，只得匆匆告辭。爲了她不肯接受錢，我寧可不要這隻箱子，結果她見我的態度太堅決，就收了兩元，她說本來賣三元一隻，現在少收一元以示慰勞之意，我不好再辜負她的好意，只得答應了。

從此，我提着這口小箱子跑遍了南北戰場，跑遍了後方前線；無論我到什麼地方，它從沒有一天離開過我。整整地五年半了，像一個親愛的伴侶一般，在我的身邊，爲我忠實服務。現在，不知道落到誰的手裏去了！

火車越開越快，我的心便越跳得厲害，我很想再回到金城江去把箱子找回再來桂林；但又害怕箱子永遠找不回來，反而借來的旅費也用光了。一時懊悔到極點時，便想跳火車自殺。其實，小偷拿了那隻箱子，毫無用處，而我的損失是無法補償的。

事情過去了十一年，「在烽火中」仍然藏在我的腦子裏沒有完成，金城江給我的傷痕，這一輩子是再也不會忘記的了。

文債

欠了人家的錢債沒有還，心裏一定非常難過；假如遇到債主逼得緊一點，借債的還要盡量逃避；也有人存心賴債，有的人眞的是無法償還。

欠了朋友的文債，也和錢債的性質差不多，腦子裏總是想到一件事：人家快要發排了，而我的文章還沒有寄去。

事情往往這麼古怪，你越着急，文章越寫不出來；越寫不出來，自然更要心焦，兩者互爲因果，最後，只好向朋友告罪，說一聲對不起了。

遇到這種情形，卽使對方能夠原諒你，一句責備的話也不說；但你自己受到良心的譴責，更要慚愧，更要難過！

自從開始學習塡方格子以來，已經有四十多年了，我從來不敢向人家預支稿費，原因是怕到時候交不出稿來，對不起朋友；也有人說，文章是逼出來的，你先拿了人家的稿費，自然非趕緊還清不可。話，說得固然有道理；但我膽小，不敢冒險嘗試；不過我有一個大缺點，當朋友向我索稿，我會慨然答應，到時候，卻又寫不出一個字來，爲了信用，我只好委屈自己，拼命讓腦子就範，叫她想什麼，就是什麼，我的許多不成文章的東西，都是逼出來的；如果不是朋友逼我，那四十多本小册子，怎能產生呢？在這兒，我謹向那些找我要稿的朋友致無限的謝意。

記得「女兵自傳」開始在「宇宙風」和「論語」刊載的時候，我誠惶誠恐害怕有人罵我是封建社會的叛徒，會登到半途被腰斬。我不想繼續寫下去；可是當編者將讀者的信一封封轉來給我看時，我好像注射了強心針一般，開始有活力，有勇氣再繼續揮毫，終於斷斷續續從腦子裏滾出來了三十多萬字；要是當時沒有林語堂先生他們逼我，我那裏會寫下去呢？

前些日子在軍校六期的聚餐會上，大家都在談起北伐時代的女兵來，有些同學分別了三十五、六年，如今相見，非但彼此垂垂老矣，白髮蒼蒼；而且連聲音笑貌也改變了，眞有往事不堪回首之慨。那天到了二十多位男兵；而女兵只有我和蕭運貞同學兩人。回來，我開始寫「北伐時代的女兵」，一寫就是萬餘字，這是香港「華僑文藝」的編者逼我寫的，他希望我把「女兵自傳」下卷完成，我因爲近來常常鬧病，恐怕一時不能繼續寫下去，只希望什麼時候，靈感突然湧現，我就可以動筆零零碎碎地寫一點出來。

這是一篇拉拉雜雜的東西，實在不敢拿來發表；只因李升如先生的限時信在昨晚十一點收到，我從此失眠，再也不能睡覺，自然，主要原因，是我欠了他的文債！從表面上看來，文債比錢債要輕鬆，其實並非如此，它比錢債更嚴重，因爲等着發稿的焦急心情，我是有經驗的。

前天出去跑了半天，晚上就發覺頭暈，昨天一量血壓，又增加三十多度；今天連上三堂課，回來趕快寫了這篇短稿，以維持我一貫的信用；說不定晚上又要頭暈，那就不用管了。

五一年十一月二十七日於雨聲中

幾個感人的故事

也許因爲我自己曾經當過兵的關係，所以對於武裝同志特別有深刻的印象。

那是九年前的冬天，快要過陽曆年了，由綠衣使者手裏，接過來一個小小的包裹，我匆匆地蓋好了圖章，仔細拿起來一看，是從澎湖寄來的，那位戰士的名字是陌生的，我以爲郵差投錯了門牌；再仔細一查，明明是我的名字，我的住址。急忙地把白布剪開，裏面有一個小紙條，上面寫着：

「冰瑩先生：

你不認識我，我可拜讀過你不少作品，你愛好貝殼，我也有同感。我只要有機會去海濱，便要拾些回來，以便在暇時把玩；現在把最好的部分挑選出來送給你，我相信你會高興的。

我們不久也許換防，你不必來信，祝福你文思如潮湧，多創作些偉大的作品給我們欣賞。

戰士胡國華敬禮」

包裹上面有胡同志的信箱號碼，我看了這封字跡清秀，文字流利的信，高興萬分！我把貝殼倒在一隻茶盤裏，有蜘蛛形的，有天狗法螺、馬蹄螺、夜光螺、紅口榧螺、蜀紅螺……還有一個最大的虎斑貝殼；小的只有一粒米那麼大，眞虧了他不怕辛苦。拾這些貝殼，不但要彎着腰，用手撬開沙子，像沙裏淘金似的，一點也不能疏忽；而且拾回來之後，還要用清水洗淨，晒乾，然後好好地藏起來。

——他把自己心愛的好貝殼送給我了，留下的，一定是殘破不全和顏色黯淡的。

我心裏想着，馬上回了一封信，向他道謝；可是一個月，兩個月，一年兩年過去了，始終沒有收到他的第二封信，我相信他是健在的，我常在把這些貝殼搬出來給朋友和學生看時，就要提起貝殼的主人，並且深深地爲他祝福。

又有一次，一位不認識的戰友，從南沙羣島回來，送給我幾個特別發亮的小貝殼，也是由郵局寄來的，貝殼外面用棉花包着，我眞不知道要怎樣感謝他們？在短短的十年之中，我搜集的貝殼，連同海外同學送給我的，一共有三千多種了。我用十幾個餅干盒子分類盛着，顏色有鮮紅的、橙黃的、咖啡的、淺黃的、綠的、藍的、紫的、橘紅的；還有一個特別美的，正浩好幾次想要偷去，但又不忍心；他寫了一個字條，放在盒子裏：「看見它，就想拿走。」

去年師大校慶，博物系的同學黃生，特別向我借出十個最漂亮的想在會場展覽，過了兩天他送回來了，紙，還是我包好的，原封不動；我問他怎麼回事？他說：「太漂亮了，這是罕有的寶貝，害怕萬一丟了，我賠不起！」

也有好幾個人向我建議：要我把所藏的貝殼、紅豆、郵票、字、畫、洋娃娃、小玩藝兒等等開個展覽會，一定會號召不少觀眾前來參觀。我眞要感謝這些戰士和同學、朋友，沒有他們慷慨的餽贈，我怎能有這麼多貝殼、紅豆和珍貴的郵票呢？

其實以上說的還是些小故事，還有更感人的在後面呢。

一位趙同志，他和我認識不久，常有書信往還，有時他一連來了兩三封信，我無暇覆他，他也不怪我，仍然不斷地來信問候起居。

一天下午，我從外面回來，阿婆交給我一封雙掛號信，厚厚的一封，我以爲是稿件，拆開一看，原來是三張存款支票。

我嚇了一跳，不知是怎麼回事，連忙抽出信來唸：

「冰瑩先生：

「我知道你這次又是自費出版『我怎樣寫作』，在經濟方面，說不定會感到拮据的，這是我十多年來積存的一點款子，希望你能用得着它，千萬不要客氣，你只把它當做自己的錢用好了。」

我的眼睛模糊了，我的血液在迅速地循環，我的心加速地跳着，我太受感動了；這是我生平第一次受到一位軍中讀者最大的同情！誰都說，要認識一個朋友，只要看他在經濟方面能否幫助你，便可以看出他對你的眞情。這句話，自然不一定十分可靠，譬如我有好幾位朋友是知己，然而都因太窮，彼此不能幫忙，只有相對嘆息；假如他在經濟上有力量幫助一位朋友，故意吝嗇，那就可以知道他是個只會錦上添花，不肯雪中送炭的人，那麼，你就了解此人不可以和他共患難。

現在，我面對這位軍中戰友，和他並沒有深交；而他竟這麼慷慨，我怎麼受得住呢？——不能，我絕對不能動用他的血汗錢，我要原璧奉趙，我坐下來把他的信讀了又讀，也許因爲太激動的緣故，我的右手握着筆管有些微微顫動，我終於壓制感情，寫了一封簡單的信答謝他：

「三張存款支票收到了，我不知道要怎麼感謝你！我不能接受你的好意，我會爲你保存它，直到有一天你有機會來臺北，我會當面奉還。」

三天後，他的回信來了！

「我不希望你把支票還我，我唯一的目的，是看到你用我的錢，把書印出來，讓萬萬千千的讀者，都能得到益處；再鄭重地說一句，你不要退還支票，你要動用它！」

自然，我是永遠不會動用它的；可是他的一番好意和滿腔熱忱，我是一輩子不會忘記他的！

是一個細雨霏霏的黃昏，李先生慌慌張張地走進了我的房子，我不知道他有什麼要緊的事，沒有往日的從容，脫下皮靴，連拖鞋也來不及穿就走進客廳坐下。

「吃過晚飯沒有？」我問他。

「吃過了，我馬上要回部隊去，現在請你收下這點錢。」

他囁嚅地說。

「錢？什麼錢？」

「你不是印那本書需要錢用嗎？我前次特地爲了這件事請假回到南部，和我內人商量，把她餵了一年多的猪賣掉，得了兩千多塊錢，零頭留着自已用，這兩千就借給你用；什麼時候你有錢時再還我；沒有錢，就不要放在心裏。」

「不！不！我不能用這筆錢，我不忍心用它！你的太太辛辛苦苦地餵了一年的猪，好容易把牠養大，如今爲了我而賣掉他，實在太可惜了！」

「謝謝你的好意，現在這本書已經順利地出版了，雪林先生和幾位朋友借給我的錢，還清了紙張和廣告費，現在只剩幾千塊錢的印刷費了；這是你們要留着穿衣吃飯用的，我怎麼好動用它呢？」

我急得差一點流出眼淚了！我越說不要，他越要拿給我，從他那個脹得鼓鼓的口袋裏，我知道兩千元都是十元一張的，他立刻掏出來，我替他又放回去。

「謝先生，你不必客氣，我如果沒有誠意，我不會去賣猪的，如今錢既已帶來，你怎好拒絕呢？」

他認眞地說，臉上的青筋漲得通紅。

「你的好意我心領了！你不知道賣書的事，很難有把握，不知道要到什麼時候才能收回本錢，我不忍心把你們的血汗錢用在這上面，我希望你把它存起來慢慢地用。」

「我在軍隊裏有吃有穿，一切由國家負擔；至於內人很儉省，她一個月也花不了多少，你還是留下用吧。」

他的誠懇態度，差不多使我感動得想要收下了。

「不！絕對不能，我今天不能收下；等到那一天，我實在非向你借不可的時候，那麼你再借給我好嗎？」

「這樣也好，我明天把這兩千元存到郵局去，你什麼時候要用，我就什麼時候取出來送給你。」

費了這許多口舌，總算把他說服了。

送他出了大門，我如釋重負，心裏輕鬆極了。

晚上，我一個人坐在客廳裏默默地想着方才發生的事，我忽然聯想起一個朋友的故事來：

她爲了要替兒子繳學費，特地向一位在銀行做事的大老闆借款，不但借不到一文錢，而且置之不理；可是平時他和她常常往來，表面上還是很要好的朋友。

——這是一個強烈的對比，我高興，我驕傲，有這種輕財仗義，古道熱腸的朋友，我在這世間，還貪求什麼呢？

又有一位軍中的戰友，他來信告訴我，當他從大陸逃出來的時候，口袋裏保存着一篇從拙著「女兵自傳」撕下來的「海戀」，因爲太喜歡它了，一直放在口袋裏，後來又寄給我看，以證明這件事實。

我讀完信，再看看這兩頁被他磨損了文章，句子旁邊，有許多小圈圈，我看了又感動，又慚愧，對於自己的文章，我一向感到不滿意，難得有許多愛護我的讀者，他們原諒我的粗率，不苛責我的不通；反而謬獎我，鼓勵我，怎不叫我深深地反省，拼命地努力呢？

正寫到這裏，一輛腳踏車停在門口，信箱裏咚的一聲，又是一大把信，我知道這裏又會帶來讀者的溫情和親友的祝福。

朋友：我是幸福的，只是幸福的人，才能生活在溫暖的友誼中；在這裏，我也要向大家祝福，爲大家的幸福與健康祈禱！

小箱子

「十八號有信！」

先是自行車刹住的聲音，接着是一聲清脆而急促的叫喊，我照例一面回答，一面匆匆忙地向信箱奔去。這裏，我不寫跑，而用奔字，的確是形容我的快樂和興奮，每次來信，我都是懷着急如星火的心情去拿的。

「蓋章！」

我剛走下玄關，又聽到這兩個字，心裏更加快樂了。照普通情形，蓋章多半是掛號信，裏面裝着稿費匯票，也有時是師大同學或讀者寄來的稿子，明知道要犧牲我一天半日的時間去潤色；但心裏仍然是喜悅的。

從綠衣使者的手裏，接過來一個小小的包裹，硬硬的，然而是輕輕的，也不知是什麼玩藝兒，看到寄信人的姓名和地址，我恍然明白了！連忙用刀片割開，差一點把手指弄出血來。

撕開一層白布和一層厚厚的牛皮紙，一隻金黃色的小樟木箱子，猛然呈現在我的眼前。

「唉！我到底得着它了！」

也不知是太興奮還是太傷心，兩顆熱淚忽然滾下來了，我沉重地嘆了一聲，把視線注視在箱蓋上的一幅山水畫：

在兩個翠綠的山峯上，有一個圓圓的月亮照着山下一座用稻草蓋的茅房，階前擺着一盆再生蘭，長得非常茂盛。茅屋是一個涼亭，只東西兩面有牆壁，南北是敞開的，亭子裏有兩個人坐在裏面看書，一個矮小的，彷彿像個小學生；那個高大一點，顯得年老的，自然是教師了。也許因爲他是老花眼的緣故，所以把書擺成傾斜三十五度的姿勢在仔細端詳；而那個小學生，卻在那裏聚精會神地諦聽。

桌子和凳子都是石製的，桌子上除了他們兩人的書而外，還有一個小小的花瓶，裏面好像是插的菊花；涼亭的西邊是一條小溪，溪上有一條微拱的石橋，橋頭兩端，各有一株大樹，夏天可供行人乘涼之用……

這是一幅月夜授課圖的水彩畫，技巧雖不太高明，但那種小橋、流水、人家的樸實姿態，使我深深地愛好它。

望着，望着，一縷清思把我拉回四十多年前的回憶裏：

是姊姊出嫁的前一年，家裏請了十多個木匠在趕做嫁粧，我整天和幾位小朋友在鉋花堆裏拾小木頭玩，有長方形的，也有圓的，還有三角形的，我們把這些小木塊拾來當做積木蓋房子，辦「家家」；有時爲了一小塊光滑的木片，爭搶得面紅耳赤，甚至大打起來。

「誰打架，我就不准誰進來，這是我家裏的木頭，只能平均分配，每人一個；打架的野孩子，給我滾出去！」

我那時居然以小法官的身份，在替他們排難解紛。

看到木匠替姊姊做了漂亮的衣箱、梳妝臺、碗櫃……我眞是又羨慕，又嫉妬！我不懂姊姊的福氣怎麼這樣好，母親平時省吃省穿，而對於嫁女，卻要大事鋪張，不知是什麼心理？——姊姊一個人怎麼用得着這許多東西呢？我除了有兩個紙盒子盛些小娃娃、小玻璃瓶、紙船外，什麼也沒有，我要木匠替我做一隻小箱子，蓋子上刻着花紋，還要有鎖。

心裏這麼一想，馬上把這意思，告訴工頭國木匠。

「小姐，要我做，是很容易的；不過你先要徵求你媽媽的同意，她如果不答應，我們是不敢做的。」

國木匠斯文地回答我。

「眞討厭，你整天說媽媽，不是說媽媽會罵，便是說媽媽會打！我是家裏的一個人，也有權叫你做箱子呀！」

「哈哈哈！」

其他的木匠也都跟着國木匠大笑起來，氣的我恨不得每人吐他一口。

「姊姊，媽媽替你做這許多傢俱，你可以向她求求情，請她吩咐木匠替我做一隻小箱子好嗎？」

一進房門，我便向姊姊請求。

「媽媽的脾氣，你是知道的，我不敢對她說，還是將來我送給你兩隻大箱子吧。」

「太大了，我搬不動，要它幹什麼？我要隻小箱子，把娃娃的衣服都放在裏面。」

「小妹，你不要着急，再過十年，你出嫁的時候，你媽媽也會送你這許多嫁妝的。」

花娘（註一）向我開玩笑，我氣憤憤地罵她：

「你壞死了！我不理你了！」跑到門口又回頭來說：「小心呵，我要找很多小朋友來揍你！」

＊　＊　＊

爲了小箱子得不到，我幾乎害神經病了！我把小箱子當做是我的精神寄託，也是我唯一的財產，我要好好保護它，不要讓人家偷去。

「我要等你睡覺了才來偷，你一點也不知道。」

一次小東故意逗我。

「哼！我們睡覺每晚閂門的，除非你變隻蚊子，怎麼進來呢？」

「我有孫悟空的本領，呵一口氣，就可以上天。」

我知道這樣你一句我一句說下去是沒有意思的，於是我提議模仿大人的玩藝兒——結婚。

我們把我的小新娘叫做小玉，福伢子的新郎叫做小雄，他們選定了當天中午十二點舉行結婚典禮，我把陪嫁的東西統統搬出來，就只缺少一隻箱子。

「眞的，紙盒子是死人用的，我們的新娘新郎是活人，所以該用木箱子。」

小東的話，我們都認爲他說得很對。

我鼓起勇氣去向母親求情，母親板起一副嚴肅的面孔說：

「國木匠說你天天找他麻煩，我正要說你；他們很忙，夜裏都在趕，那有功夫替你做什麼小箱子呢？快不要胡鬧了！要不然，我不許你們進工場的！」

我垂頭喪氣地走出來告訴小朋友們：

「沒有希望了，媽媽不許木匠替我做小箱子。」

「有本事自己做！」

小東，在輩份上講，他是我的小叔叔；可是我把他當做小弟弟一般看待，因爲他的個子比我矮，比我瘦。

他這句話，給我很大的鼓勵，於是我們開始尋找大一點的木板來做箱子，可恨木匠不肯借給我們鋸子、鉋子，連釘子也不給一個。他們駡我們是搗亂鬼，妨礙了他們的工作，要去告訴媽媽，這時我開始對小箱子的希望幻滅，也是我小小的心靈受打擊很深的一次。

* * *

長大以後，我懷着「壯志」，以四海爲家，到處流浪；偶然在店舖裏看到那些雕刻着花紋的小箱子，很想買一隻，卻又嫌太俗，我總覺得這不是我理想中的小箱子，這是用來盛手飾或者化妝品的，它的模樣沒有我們鄉下的樸素可愛；想一想，我沒有首飾，更不需要化妝，要它做什麼呢？

三十二年在成都的時候，達明的四姨，有一天，從一隻小糖菓箱裏，拿一隻翡翠戒指給我看，問我知不知道它的眞假，我搖搖頭回答她：

「四姨，對不起，這些東西與我無緣，我是不知道好壞的。」

倒是那隻金黃色，上面印着凸出花紋的小箱子吸引住我，使我目不轉睛地看了又看，眞有愛不忍釋之感。

「怎麼？你喜歡它嗎？我送給你！」

四姨含笑地問我。

「送給我？是眞的嗎？四姨！」

「當然是眞的；不過我相信湘兒會和你爭奪的。」

那時湘兒還只有三歲，他對於這隻箱子倒並不發生興趣，他所喜歡的是洋娃娃和泡泡（註二）。

在這隻小巧玲瓏的洋鐵箱子裏，我把朋友送我或者我在什麼地方買的小玩藝兒，像玻璃做的小狗、小鴨、小葡萄之類的東西裝在裏面，外面還有一把只有兩三分那麼長的小鎖，可以自由撥開的。這只小箱，由成都而重慶、漢口、北平，如今又跟隨我在臺灣一住就是十年，每次打開衣箱，就要取出來把玩一番，重溫兒時的舊夢。也不知是一種什麼力量在吸引他們，我的蓉兒也最喜歡這隻小箱，常常要求我把它拿出來給她玩，爲了減少麻煩，我索性取出來改放在書桌抽屜裏，她想看時，便自己隨時打開欣賞。

有了這隻小箱子之後，仍然感到不滿足，心中老是念着：什麼時候我有一隻小木箱就好了。

＊　　＊　　＊

現在，這個目的終於達到了，子培爲我做了一隻這麼美麗、細緻、光滑可愛的小箱，一打開蓋子，便有一股樟腦的香味噴出來；裏面四隻角爲了使它堅固起見，還特別做了一層三角夾板；外面油漆的顏色也很淡雅，正面還有用毛筆寫的三行字，除了上下款外，還有年月日。我雙手抱着這隻箱子，心裏有一種說不出的高興；同時也有一種不能形容的悵惘和悲哀！我把母親的耳環，和我小時候玩的幾樣東西，還有澄眞送給我的小鷄、小老虎、小花瓶，一件件地放進新箱子裏；最值得紀念的，是我在日本坐牢時，用來和朋友秘密通信的一節寸來長的鉛筆，上面有我用嘴咬過的許多痕跡。這是我用生命換來的紀念品，孩子們都知道這件事情，如今把這節鉛筆也關在小箱子裏，使我一打開，便可回憶一下過去的坎坷生涯，重新了解生命的意義是不斷地和環境奮鬪，要堅苦地向前勇往邁進，才能創造光明的前途。

猛然地，兩顆晶瑩的熱淚又滾下來了！對着小箱子，我憶起了母親和姊姊，也憶起了那個性情溫柔的國木匠，她們如今都已作古，卽使將來有一天我回到故鄉，用樹枝做一個小玉和小雄結婚，我用這只小箱陪嫁，然而我們都已成爲白髮蕭蕭的老人了！……

（註一）花娘是教給我姊姊繡花的一位女人。

（註二）泡泡是湘兒小時候喜歡把餅干泡在開水裏吃，所以叫泡泡。

病

這兩小時是國三同學的考試時間，題目是「書評」。她們每人都在用心地寫，把全副精神集中在別人的作品和自己讀這部書所得的印象上面；另一位藝一同學，送來一篇習作，題目是「病」；我沒有看它，原因是我自己很久就想用這題目寫點雜感，一直因爲頭痛沒有寫成，今天我想陪他們動一動腦筋，寫到那裏算那裏。

屈指算來眞可怕，我已經病了一個多月了，朋友見到我的都說：「瘦多了！」不錯，從鼻子發炎到現在已經輕了三公斤，難道還不瘦嗎？我眞想不到這次爲了這場小小的病，害得我痛苦不堪，有人主張我開刀；但二十七年我的鼻子曾經施行過一次大手術，那次痛苦的經驗，至今縈繞在腦海裏：足足有兩星期，我的臉腫得像西瓜，分不出眼睛、鼻子和嘴來，成了一片「平原」。沈慧蓮先生告訴我，當醫生把我兩塊腐爛了的鼻骨去掉的時候，是像工人開防空洞一樣，那麼費力才砍下來的。我當時是全身痲醉了六、七小時，什麼也不知道；醒來之後，一連三天我都好像做夢一般，迷離恍惚，耳朵裏響着瞎子敲小鑼算命的聲音，（因為初上麻醉藥時聽到這種聲音，以後常常繚繞在耳際。）眼前盡是金星亂舞；腦子裏一片混沌，什麼印象也沒有；甚至連自己是死屍還是活人也分不清楚。總之：那時候我成了白癡，一點也不覺得痛苦；倘若我現在再來開一次「防空洞」，固然怪好玩兒的；可是精神和物質兩方面的損失，未免太大了！何況我現在既貧血，又無錢，每次去看病，已經負擔不起了，更怎能動手術，住醫院呢？

我不否認自己是一個不服老的人，在我的感覺上，似乎和年青人差不多，例如：我喜歡遊山玩水；喜歡看好電影；找朋友聊天；也喜歡玩洋娃娃，替洋娃娃做衣服，織毛線鞋襪；喜歡玩貝殼、紅豆；看兒童畫報、小學生、中學生的讀物；乘公共汽車時，我常讓位給比我年老的人或拖兒抱女的人坐，儘管我嘴裏常說着「我老了，不中用了」的話；心裏卻暗暗地高興：我還沒有白頭髮呢。

然而，這次的病，使我老了不止十年！我似乎看到了自己一副老態龍鍾的遠景：我的視線模糊到連特號字的標題也看不清；從地上走到二樓，都要氣喘很久，要休息四、五分鐘之後，才能勉強爬上去：牙齒都掉光了，全換上假牙，有時出門忘記了裝上，就不便說話；更不能吃東西；還有使我最傷心的是，沒有記憶力！看書時，讀了下句，忘了上句，連天天見面的好朋友，也忘記了她的名字……

——糟了！糟了！假如我眞有這麼一天，我怎麼活下去呢？

躺在床上，我這麼胡思亂想，有時焦急，有時傷感，有時煩悶；還有一次我竟難過得流下淚來。

「我什麼都不怕，只怕生病！」

這是先母得了半身不遂症的時候，對我們說的一句最慘痛的話，如今我又拿來做我的口頭禪了。

據說猛張飛是個天不怕地不怕的硬漢；可是當別人在他手心裏寫下一個「病」字時，他也嚇得毛骨悚然，所謂「英雄只怕病來磨」這句話，我想一定是有根據而說的。

寫到這裏，我禁不住長嘆了一聲！

第二小時的上課鐘，噹噹地響過了，回顧教室內一羣生氣勃勃的青年健將，正在低着頭默默地寫着。寒風吹着玻璃窗，發出單調而枯燥的響聲，對面屋頂上的幾株小草，在疾風中不住地顫抖；我相信牠們的抵抗力是堅強的，那怕暴風再猛烈，也決不會吹斷牠們。

一株小草，是的，僅僅只因這株小草，我得到了生命的啟示：我並沒有老，我要和病魔奮鬥；我決不氣餒，我要堅信自己永遠是健康的！

四十四年十一月十七日於師院二三四教室

一個破盒子

「老師，你這個小盒子是在哪兒買的？很好玩兒。」梁東淑同學問我。

「是一個好朋友送給我的，她說這個小盒子來自西班牙。」

「有多少年的歷史了？」

「她是在民國十七年送給我的，你算算看，有多少年了？」

「啊呀，四十三年了，你還保存它，眞難得！」

「告訴你，不但我無論到什麼地方去旅行，身邊都帶着它；而且每年到過農曆年的時候，我要用肥皂水將它洗得乾乾淨淨。你看，破了好幾處地方，都用紅線縫上了。」

「這麼破舊，還留着幹嗎？」

「傻孩子，你那裏知道它的重要性啊？」

「老師，這個小盒子，一定有一個很美的故事，你能告訴我嗎？」

「好的。」

「遠在民國十三年的時候，我在長沙第一女師讀書，有一天，忽然從大公報轉來一封署名王克勤的信，她告訴我是一位白衣天使，正在湘雅醫院做護士，因爲喜歡看我寫的文章，願意和我做朋友。這是我生平第一次接到讀者的來信，心裏眞有說不出的高興，立刻回了她一封信，並且告訴她，星期天上午九點，我要去拜訪她。」

「老師，他是男的還是女的？」

東淑打斷了我的話問。

「傻孩子，當然是女的哪，要是男的，我怎麼敢去看她呢？」

「星期天到了，我懷着又高興又害怕的心情，去醫院找她；直到今天我生了病，還不敢去醫院，因爲我旣怕打針，又怕吃藥。太巧了，我一進大門，正在掛號處打聽她的名字，她一把抓着我的手說：

「『我就是王克勤，你是？』」

「『閒事。』」（這是我第一次發表文章的筆名）

「『啊，閒事小姐，歡迎，歡迎！』」

「她是那麼美，那麼令人可愛，一對脈脈含情的眸子上，有兩道濃黑的柳眉——小小的嘴，薄薄的唇，笑起來時——左邊嘴角有一個小小的酒窩，皮膚又白又嫩。我們一見如故，她帶我到她的寢室，白色的床單，白色的桌布，再加上她們身上白色的制服，一切顯得那麼純潔、高雅。」

「『你喜歡小玩藝兒嗎？』」

「她看我注視書桌上的擺設，這樣問我。』」

「『喜歡，我像小孩一樣，特別愛洋娃娃。』」

「從此她常常從外國雜誌或者畫報上，剪一些可愛的洋娃娃，寄給我。

「那時我剛學着寫文章，根本不懂得寫作的方法，亂塗一氣，大膽地投稿也不怕難爲情。」

「民國十五年，我考上軍校六期的女生隊，參加北伐回來，我的雙腳腫得很大，住在湘雅醫院治療。這時，克勤待我太好了，她不但每天給我鷄蛋牛奶、鷄湯、水果吃，還爲我洗內衣，我太受感動了。」

「『克勤，你待我越好，我就越難過，將來用什麼來報答你呢？』」

「『不要這樣說，待朋友是應該這樣的。我們是學護士的，對待病人都要細心侍候，特別關懷，何況你是我的好朋友。』」

「十七年，我們又在上海遇着了；而且一同去考上海藝術大學。報名的時候，把我的名字拆開，我叫謝彬，（後來考北平女師大，也是用的這個名字）她叫王瑩。爲什麼我不用那個兩點「冰」的冰字呢？無非想讓別人不和『從軍日記』聯想在一塊兒。」

「有一天，王瑩看見我身上只穿着單衣，她連忙從箱子裏取出一件黃色條子花布的棉襖給我，還送我這個用草編成的深紅色盒子。」

「『你可以用來盛珠寶，也可以裝針線。』她說。」

「『爲什麼不乾脆叫做針線盒呢？你是知道我連珠寶是什麼樣子，都沒有見過的。』我埋怨她。」

「果然，四十多年來，我一直用它來裝針線，我常常想：假如有一天，我能再見到她，一定給她看看這小紅盒子，也好讓她知道，我對於友情是怎樣重視的。」

「提起王瑩，在抗戰初期，她是頂頂大名的，曾經和金山主演過許多話劇。在『賽金花』裏，她演賽二爺；在『放下你的鞭子』裏，她演賣唱的小姑娘；她還演過『女性的吶喊』；組織過劇團去東南亞巡廻演出。後來又和金山鬧翻，去了美國，迄今杳無音信。王瑩還有一個名字，叫做克洵。她實在是個可愛的女人，也許正因爲她可愛，所以在她青年時代，不知有多少男人爲她神魂顚倒，發生爭風吃醋的事情；可是她的頭腦清楚，做事有魄力，熱愛國家，是一個能吃苦，也能享受的人。」

故事說到這裏，似乎可以結束了；但我還要補充一點：

「當她送我這個盒子的時候，我本不想接受，爲什麼呢？我想由拿槍桿到筆桿，已經洩氣了，原來我是想倣效花木蘭許身國家民族的，後來卻退伍了；現在放下筆桿，拿起針線，不是越變越渺小，越來越沒有出息嗎？」

「『針線對我們的影響很大，誰也不能離開它的』王瑩說。」

「『那麼，你爲什麼不自己留着用呢？』」

「『因爲我太喜歡它，所以才拿來送給你。』」

「老師，王小姐眞好，怪不得你這麼喜歡這個破盒子。」東淑說。

「嗯。」

說到這裏我的喉管咽住了，心裏感到萬分淒涼，王瑩啊，我們此生還能見面嗎？

紅豆

是一個月以前的某天下午，我從綠衣使者手裏接過來一卷厚厚的印刷品，拆開一看，是一册小學五年級的算術課本。我以爲這郵件不是我的，重看一遍，明明是寫着我的名字，郵票是馬來亞的，寄件人沒有姓名地址。我很奇怪，想了足足有一刻鐘，不知道是誰在跟我開玩笑。

「爲什麼他要寄我一本算術教科書？是不是諷刺我不懂算術？」

我自言自語地一面說，一面把每頁都翻看過了，並沒有發現用筆寫的字跡或者其他的記號。

「媽媽，也許你在哪篇文章裏曾說過你不懂算術，所以人家要你從小學課本唸起。」

聽了蓉兒的話，我眞的追憶了很久。

「我只在『我的少年時代』，提到補習算術的事；這本書剛出版，他怎麼知道我不懂算術呢？」

越想越悶，越悶越找不出答案來；最後我把這本書保留起來，希望將來突然有什麼奇蹟產生。

半個月之後，果然又收到了一封寄自馬來亞的柔佛古來學校的信，寄信人是一位素昧平生的文友梁先生，他的信寫得很長，首先說明他寫信的動機，是爲了他一位親戚從香港帶給他一本「紅豆」，他看過之後，知道我有收藏紅豆的嗜好，所以他特地替我寄來了五顆，爲了安全起見，他是從書裏面寄來的。這時使我困惑了半個多月的謎揭開了，我重新把那本算術課本找出來細細檢查一遍，果然發現了五顆晶瑩美麗的紅豆，比我所收藏的要稍爲大一點點；但光澤特別美，特別亮，我高興得立刻坐下來給梁先生寫了封信去道謝；同時在我的盛紅豆小盒子裏，放進了這幾位遠來的新客人，

這件事過去不久，又有我的本家瑞薇女士送我三顆印尼的紅豆，她說是一位好朋友送給她的，爲了我喜愛，所以分一部份給我。

「爲什麼你這樣歡喜紅豆呢？」

曾經有好幾位朋友問過我，我總是這樣簡單地回答他們：「因爲她顏色鮮艷，形狀像一顆心，本質很堅固，藏的越久，顏色越美，質也越堅，她可以象徵愛情，也代表友誼。」

說到愛情，記得我小時候曾聽母親講過這樣一個故事：

有一位讀書人出外謀事，十多年沒有回家，也不給他妻子寄封信來；那女人整天在他屋前的小土坡上盼望着丈夫歸來，土堆旁邊有一塊石頭，站累了就坐在上面休息。一年一年地過去，丈夫還沒有回來，於是這癡心的女人，終於得病死了！她的家人因爲要紀念她，就將她的屍體埋在土堆旁邊，那塊石頭叫做望夫石；後來從墳上突然長出一株樹來，過了若干年就結成紅豆，因此後人就把這樹叫做相思樹，把紅豆叫做相思子。

又說：丈夫回來之後，得知妻子是爲他殉情的，他也自縊了！家人把他埋在妻子的對面，不久也長出一株相思樹來，和原先那株一模一樣。自然，這些都是神話，誰也無法證明有沒有這種事；不過，說良心話，我是曾被這個淒婉的故事，感動得流過淚的。

「老師，你爲什麼偏偏這麼喜歡紅豆，我們天天都要去小店裏喝一碗紅豆湯，沒有什麼稀奇嘛！」

一次，有位臺灣同學這麼問我，我知道他一定從來沒有見過紅豆，於是我在上課時，特地把那個珍藏紅豆的小盒子帶給他們看，這才使他們驚訝起來，原來紅豆是這麼美麗珍貴的玩藝兒！

在我收藏的十餘種產地不同的紅豆裏面，有兩顆特別的：一顆是一位朋友送給我的印度紅豆，在一顆大心裏面，藏着一顆小心，象徵兩心相印；一顆是重慶陳家橋的，像食指頭那麼大，扁形，不像一顆心，但顏色和普通紅豆一樣；還有一種像綠豆那麼大，旁邊有一點黑的，彷彿是一隻小眼睛，紅的很可愛；只是和那些正牌紅豆比起來就不免相形見絀了。

花生米

是寒流突襲臺灣的第二天晚上，我正在火爐邊和一位已經從師大畢業的李道顯同學談話；突然聽到袁英華同學的聲音：

「謝老師，我送禮來了！」

「送禮？」

我莫名其妙地站了起來。老實說，我是不喜歡人家送禮的；但客人來了，在禮貌上，我應當出來迎接。

「你猜一猜，這是誰送給你的禮物？」

袁君雙手把一個很大的長方形盒子遞給我，我迷惑地望着他：

「一定不是我的，也許你弄錯了。」

「喏，你看上面的字，不是明明寫着呂天行先生轉交謝老師嗎？快打開，看看裏面是些什麼？」

「一定是糖，我的口福眞好，我也要吃一點。」

道顯不待我回答，連忙搶着說了。

於是我也在好奇心驅使之下，急忙地用剪刀打開包裹；眞結實，外面是用厚厚的牛皮紙包的，我想，大約再旅行一兩個月，也決不會破爛。抽掉這一層牛皮紙，便出現一個用紅花紙糊着的紙盒；盒子上面放着一張精美的賀年片，寫着堂堂正正的「許文志鞠躬」五個字，我馬上記起來了：彷彿是去年春天，有三位從南部來的青年朋友，由呂天行先生夫婦陪他們來看我，我們一見如故地談得很暢快，臨走時我送他們每人一本書，他們給我留下了地址；以後偶然讀到他們的文章，前些時還收到黃志良先生來信，他們已經當起老師來了。我爲了這學期來不斷生病，也沒有和他們通信；今天突然接到這包禮物，實在使我又高興，又慚愧。

「你們猜，裏面是什麼？」

這回該輪到我來作主了。

「糖，一定是南部的土產。」

道顯先回答我。

「英華，你說呢？」

我徵求袁君的答案。

「我想——也許是糖。」

「到底是什麼？」

「糖！」

兩人一齊回答。

至今我還在後悔，爲什麼當時我不說猜中了的，有什麼獎品；猜錯了的，應該罰一點什麼，我居然毫無條件地把盒子蓋揭開了！

「呀！花生米！眞漂亮！」

是我的一聲驚叫，把他們都逗得哈哈大笑起來。我其所以說牠漂亮的原因，是這些花生米都長得小巧玲瓏，顏色鮮紅，的確比普通店鋪裏買的好看多了，我連忙塞進一顆到嘴裏，味道特別甜；只是潮了一點，不脆；我知道當主人把牠們裝進盒子裏去的時候，一定又香又脆，後來在郵局和火車上經過了幾晝夜後，寒流使牠也受到潮了；因此現得特別軟弱，於是我趕快用鍋子炒了一些來吃；正在這時，「海風」的編者鄭先生也來了，他也和我們一同享受着這特別好吃的花生米。

「這才眞是我國道地的花生米，又香又脆！那些很大一顆的，是美國種，一點也不好吃，僅僅是外表美觀而已。」

達明一面吃，一面致贊詞。

「哈哈哈！」又是一陣笑聲，充滿了溫暖的小客廳。

「賈先生說得不錯，花生米的確是小的好吃。」道顯爲了要證實達明的話，他趕快多吃了幾顆。

「這一定是許君家裏自己種的，所以特別珍貴。」

我另外轉了個話頭。

「當然囉，花生米到處有買；假如不是他家裏種的，他不會寄來的。」

英華很有把握地說；於是我由花生米，想起了兩件事情：

第一、是許地山先生曾作過一篇「落花生」，被開明書局首先採爲中學國文教材，以後全國的初中國文課本上，都選了這篇文章，從此發表文章，他就用落華生爲筆名；可惜許先生死得太早，除了「綴網勞蛛」、「空山靈雨」、「無法投遞之郵件」等幾部作品外，無法讓我們多欣賞他的文章。

第二、是我在中學讀書時，便看到某漫畫家那幅「花生米不滿足」的漫畫，實在給我的印象太深，使我每次一看見花生米，便會憶起那幅畫來；如今他被圍困在鐵幕裏，否則今天晚上他假如在臺北，我一定去請他來替我們畫一幅「花生米滿足」的漫畫，該會引起多少人的羡慕呵！

的確，花生米是一種最平凡，最普遍；然而也是最好吃，最富營養的食品。不分貧窮富貴，不分男女老少，誰都喜歡牠；不論在任何大小宴會中，只要桌上擺着一碟花生米，沒有不伸手去抓幾顆放在嘴裏的。記得我們在北平的時候，老是把花生醬塗在熱饅頭上吃，那又香又美的味道，眞非我的文字所能形容。當我在上海住亭子間的時候，儘管窮得吃不起飯；但一個小銅板一包的花生米，我是常常吃的；有時朋友來了，請她吃最好的點心，便是花生米。後來和達明結了婚，想不到他和我一樣特別愛吃花生米，有時他留朋友吃飯，酒拿出來；可惜沒有下酒菜，我正在着急得不知如何是好，他卻輕輕地一句話，替我解了圍：「趕快去買我們最好的下酒菜來——花生米！」

現在，因爲健康的關係，他不敢喝酒了；可是花生米仍然是最愛吃的；尤其當他一面看書，一面烤火的時候。

許君送我這麼多的花生米，我眞不知應該怎樣感謝他。記得去年寒假，何瑞雄同學從他的故鄉岡山來，也曾用一個大玻璃瓶，送我滿滿的一瓶花生米；結果，我吃了兩個多月還沒有吃完。

花生米本身是平凡的；然而它所代表的意義卻是偉大的，正如許地山先生的父親所說，它的果子是埋在土裏的，「等到成熟，才容人把牠挖出來。」又說：「你們要像花生，因爲它是有用的東西；卻並不好看。」

其實，花生米在我的眼光裏是很好看很可愛的：有的像個矮胖子；有的像個瘦長子；也有長得不肥不瘦非常窈窕的；至於牠的顏色，有深紅的，也有淺紅的，長沙人叫花生米爲「大紅袍」，的確是一個非常有趣而通俗的名詞。

最後，我謹以無限的謝意，遙寄花生米的主人；並希望我們每個吃花生米的人，都有像花生米一般的「好處」，來貢獻給社會。

櫻花開的時候

一

說出來，有誰相信呢？兩次留學日本，在臺灣住了十多年，從來沒有正式看過櫻花，有誰會相信呢？

「老師，我們後天去陽明山遠足，請你參加。」

是三月三日那天，下了課，王文雄同學對我說。

「遊陽明山的人太多，我不想去。」

「不會的，老師，星期天人多，我們是星期一去，因爲那天的實習，已經提前上過了；老師，你一定要去，好玩得很，我們全班都去，還要請老師參加遊藝節目呢！」

最後一句，把我逗得笑了。我想：青年人是生氣蓬勃的，能夠和他們在一塊兒玩玩，也許我在生理上最少會年輕十歲；但爲了我積壓的工作太多，只好婉拒了。

「不！老師，你一定要去，這時候的陽明山，正是櫻花和杜鵑花盛開的時候，我們去草地上野餐，太好玩了！」

一聽到櫻花，我的心便沉重起來，我深深地嘆了一聲說：

「唉！還是不要看櫻花吧，又會勾起我一段傷心的往事。」

「什麼傷心往事？老師。」

一位女同學問我。

「你沒有看過『在日本獄中』嗎？老師曾經坐在監牢裏看櫻花呵！」

另一位女同學回答，引得大家都嘩然大笑起來。

我不忍辜負他們全班的好意，終於答應去了。

三月五日是一個難得的晴天，我們都在東站集合，乘九點班車去陽明山，許多同學沒有座位，在我前面的一位摩登太太和她一個三、四歲模樣的女孩佔了兩個位置；那孩子老是站起來，伸着頸子向窗外看風景，女的一個人佔兩人的位置，我看了很生氣，悄悄地告訴一位同學：

「這女人最自私，你去坐吧！」

她笑了一笑，連扶手的地方也不敢坐，就這樣一直站到陽明山。

下車時，我狠狠地向她瞪了一眼；總有一天，我會把這壞蛋，寫進我的小說裏面的，我想。

「老師，你看，這就是櫻花！」

今天我算眞的正式看到櫻花了，和梅花一樣，也是五片花冠；可是沒有梅花的美，更沒有梅花的耐寒，經得起風吹雨打。櫻花是薄命的，只能盛開兩三天；假如遇到下雨，那滿地落紅的淒涼慘景，彷彿紅顏薄命者的淚珠；也許是因爲一九三六年四月十四日，在日本沒有看到櫻花，而坐進了目黑警察署的監獄，所以使我傷心憤恨，連帶也恨起櫻花來了；其實這是不應該的！櫻花是無罪的，我應該可憐它，同情它才對。

團體遊戲開始了，我們圍坐在輭綿綿的青草地上，太陽照得每個人的臉上，泛出桃紅的顏色，我忘記了自己的年齡，和同學們一起玩着，笑着。

「老師，輪到您了！」

一聲叫喊，我慌張地站了起來，打開手裏的摸彩紙捲一看，我得了特獎，正在高興的時假，突然一個聖誕老人的假面具，套上了我的臉上，於是喀嚓喀嚓地幾聲響，已經把我這副怪模怪樣，攝進他們的鏡頭了！洪大的笑聲，和着鼓掌聲，使我本能地把假面具取下來，只見圈外的遊客，也在哈哈大笑，我想說不定會有人笑我老天眞呢。

接着一個一個精彩的節目表演下去，一面吃，一面玩，輕鬆活潑；每個人都忘記了一切煩惱和身邊瑣事，只盡情地狂歡。在這一刹那，人與自然打成了一片，我又回到了青年時代，我簡直像一個中學生似的那麼心中充滿了快樂，笨重的身子，也彷彿突然變得輕巧活潑起來；我與文雄走下山時，健步如飛，一點也不感覺疲勞。

二

我脫離了團體，一個人先返臺北，爲的還要去南港中央研究院去看胡先生。

眞的，我一直以爲胡先生沒有死，我要去看他。進了靈堂，看到桌上的三盤水果，看到兩旁的輓聯，看到他的棺材，我默默地行了三個鞠躬。帶來的檀香，沒有地方可插，只好又帶回家，我在徐芸書太太那裏坐了半小時，她說：

「我每天都看見胡先生笑嘻嘻地從這裏經過，如今突然不見了，心裏感到無限的空虛，和一種說不出來的難過。」

徐先生也說：

「胡先生二十歲時，用文言文做的『康南耳傳』，前幾天才由美國寄到，經過他親手修改，印了許多份，我要送你一份做紀念。」

「謝謝。」

我告別了他們回來，一個人在寂寞的路上又想到另一個問題：

人生若夢，往事如煙，我說不出此時內心的感覺是什麼？好容易忙裏偷閒，有一天休息時間，到最後還是腦子裏感到空空洞洞，寂寞，凄涼！

——唉！我不應該去看櫻花的，又是它給我帶來的煩惱。

我在心裏埋怨着。

打開大門，走進了冷清清的房子，連水也沒喝，先看桌子上堆着的一大堆信。

——開始工作吧，只有工作才能填補我空虛悵惘的心靈。

打開日記，對着母親的笑容，我也笑了。

夢

彷彿是吃完了午飯，我一個人去參觀芳姐的農場，這裏種了許多冬瓜、南瓜、北瓜和苦瓜。農場的周圍，種的都是玉蜀黍。苦瓜的藤枝上，垂着長而青的果實，也有像柿子一般通紅的。在所有的瓜類，我最愛吃甜西瓜，最討厭的是苦瓜；而這農場裏，偏偏長得最茂盛，果實結得纍纍的是苦瓜。我立刻離開這裏，信步向東方走去。

猛然地，我看見一堆隆起的土地，上面覆蓋着翠綠的樹葉，正在我猜想究竟裏面藏着什麼東西的時候，那堆土裂開了一條大約五寸寬的縫，從縫裏伸出一張毛茸茸的嘴來，拚命地啃着泥土，似乎想要從土裏掙扎着出來。

「眞是一條蠢猪，土堆那麼高，上面又壓得那麼緊，難道你還能翻身嗎？」我自言自語地說着，立刻離開了這塊地方。

前面是一座葡萄架，像翠珠子似的綠葡萄，正垂在我的頭上，我一張開嘴，好像葡萄就可掉到嘴裏一般。這時我的喉嚨裏非常乾燥，我想順手摘下一串來解渴；不料右手剛剛伸上去，突然一條發亮而冰冷的滑東西纏住了我的手腕，天呀！我一看，原來是一條青蛇！當時我嚇得魂飛天外，像着了魔似的拼命地跑——我跳過許多溪澗，也爬過幾座高山，我亡命似的飛跑，整個的地球彷彿在旋轉，我以爲只要跑得快（比百米決賽，比賽馬還要快，簡直像飛一般。），蛇就會從我的手腕上滑走似的；誰知實際剛剛相反，越跑得快，青蛇纏得我越緊，最後，我終於一口氣跑回了芳姐的家，她正在沙發上在回憶什麼，見我跑得滿頭大汗，並不關心我，只緩緩地站起來，指着我手上的蛇說：

「你一定偷吃了我的葡萄，要不然，蛇不會纏住你的。」

「沒有！絕對沒有！我敢對天賭咒，我還沒有伸手去摘，從葡萄藤上就掉下一條蛇來綑住了我。芳姐，請你趕快替我把牠解下來，這傢伙，實在太使我害怕了！」

說完，我用乞求的眼光望着她，好像一個被判處死刑的囚犯，祈求法官判他無罪似的。

「可以的，我可以把牠拿下來，不過有一點我得老老實實地告訴你：牠不是普通的蛇類，牠的嗅覺特別靈敏，不論你跑到什麼地方，牠都可以追踪而來。」

「你不能把牠關在一隻鑼子裏，鎖在你的保險箱裏嗎？」我問着，她狠狠地把頭搖了幾搖。

這時，青蛇正張開着嘴，吐出牠血紅的舌頭，好像要從我的嘴裏一下鑽進肚子裏去，我快要嚇死了，使勁一摔，居然把蛇摔掉了。

跑呀，跑呀！又是一陣飛跑，比剛才還要迅速，步子還要大，多少高低起伏的山巒，都在我的腳下向後退，我身輕如燕，飛過了高山，又飛過了平原，飛過了溪流，又飛過了海洋，累了！我累得上氣不接下氣，在一處風景最幽美的小河旁邊，我停下來了。一陣溫暖的微風，輕輕地吹在我的額上，汗珠兒用不着我用手帕去擦，慢慢地被風兒一吹就乾了。

「你要當心，不可老站在這裏，蛇會追來的！」

一個聲音，忽然，一個比風聲還輕微的聲音，在我的耳邊響着。

「我不怕，我要用全副的力量對付牠，我要把牠砍成兩段，或者使牠淹死在水裏。」

我憤憤地回答那個聲音。

這條河流，唉！實在太美了！彷彿像水鄉威尼斯的河流，又彷彿是翠堤春曉裏面藍色的多瑙河；又像揚州的瘦西湖；又像我故鄉謝鐸山的小河，河水像海水一般碧綠，裏面有許多小魚和蝦子在游泳；一羣少女蹲在石頭上搗衣，她們唱着聲調抑揚的歌曲，那歌聲是那麼清脆悅耳，使我聽了，忘記人間所有的煩憂，我的每一個細胞裏充滿了快樂，充滿了詩，充滿了畫。聽着，聽着，我整個心靈都被陶醉了，我想學她們一樣，立刻捲起褲腳管，脫下鞋襪，我想下水幫着她們洗衣，一面學習她們的歌唱。

「走，不要下水，那邊還有比這更美的風景，我們一塊兒去吧。」

誰在拍着我的肩膀？聲音是最熟悉的，回頭一看，原來是他——達明。

我們兩人並肩地向前走着，橫過一條獨木橋，就看見一座高山，山頂上垂下一條白練，十分美麗。慢慢地我們走近了山邊，白練變成了一條響聲宏亮的瀑布，細碎的水珠，濺在我們的臉上，感覺得特別清涼。

「你看，瀑布裏面有金魚！」達明指着跳躍的魚說。

這眞是我們生平沒有看過的奇景，各種顏色不同的金魚，從瀑布中滾滾流下，這些金魚，過去只在北平中山公園的魚缸裏看到過，如今怎麼都跑到瀑布裏面來了呢？

＊　＊　＊

正在欣賞金魚亮晶晶地在瀑布的浪花裏跳躍時，忽然眼前又換了另一幅風景：四週都是高山，山到處垂着大大小小的瀑布，左邊是一座純粹的斑竹林，每根竹子都有不同的斑紋。葉子是那麼青翠欲滴，沒有一葉是枯黃的顏色；再俯視地上，整整齊齊地鋪着綠茸茸的天然地毯，眞像天鵝絨一般柔軟。竹林下面是一泓彎彎曲曲的清溪，環抱着一座洋房，這房子的建築形式，彷彿有點像禮拜堂，屋頂是尖形的，紅磚紅瓦，屹立在綠竹叢中，別有一番風味。我的身子緊緊地靠着達明，好像孩子緊靠着慈母一般。我抬起頭來望望他，他也正望着那所房子出神。這時最後的一抹陽光，投射在房子的尖頂上，顯得璀璨奪目，美麗無比。忽然，大門啟開了！一對中年男女出現在門邊，他們正伸着頸子把視線投向遠方，男的穿着長褲短褂，挺着一個大肚皮，腦袋圓圓地活像一個大西瓜；女的穿着綠衣紅裙，腳上的高跟鞋，足有一尺厚，她正在用手向我們指點什麼，我像受到了莫大的侮辱似的氣沖沖地說道：

「這是神仙居住的地方，怎麼可以讓這些卑俗之人來玷辱！」

說罷，我倆便隱入深山。

唉！這兒比我們方才到過的地方更美了！我們彷彿走進了「西遊記」上面所描寫的花果山，遍地開放着紅艷艷的鮮花，樹上結着金黃的菓子，小鳥兒在枝頭唱着婉轉的歌聲，粉蝶兒在花間翩翩起舞。我們坐在一棵古松下面，閉目凝思，靜靜地領略這深山幽趣。

「起來！向前走去！你們不應該在這裏停留，這是我們老年人休憩之所，你們正是年富力壯的時候，不應該休息的！」

這是位老太太的聲音，非常熟悉，我睜開眼睛一看，原來是我的祖母。她還是那麼健康，手裏拿着那根雕有齊天大聖孫行者的手杖，她用嚴肅的表情，向我們指着前面一條石板路說道：

「走，朝着這條路走去，你們可以找到自己的家。」

我正想雙膝跪下，要求和祖母永遠生活在一塊兒的時候，忽然眼前一黑，祖母和整個的花果山都不見了，一陣陣刺骨的朔風吹來，一層厚厚的黃葉，鋪滿了一地。

*　　*　　*

怎麼？這又是一個世界了！如果說方才花果山是天堂，那麼現在我走進地獄了！原來最熱鬧的藍田街市，現在統統成了一片瓦礫了！我懷着一顆淒涼的心，拖着沉重的腳步，好容易走近了我的家門。母親像往日一般，倚着大門在等待她的愛子歸來。奇怪，我像一隻涼血動物，沒有絲毫熱情，我並不立刻投入母親的懷抱，只呆呆地站在母親的面前，睜開着一雙大眼睛望着她。

「你還知道回來嗎？孩子！你祖母的墳墓上草都枯了，我呢？你看瘦成這個樣子，你還看得出我是誰嗎？」

母親的眼裏，閃動着晶瑩的淚光，我傷心極了，我正想上前抱住她痛哭一場，我的手剛一伸出去，母親的影子突然不見了！只記得她穿着一件襤褸的藍布衣裳，和一條補了許多疤的青布褲子。

走進前廳，地上滿是燕子和麻雀留下的糞便；棟樑上，屋角裏，到處佈滿了蜘蛛網，木器上面積着一層很厚的灰塵。我打開客廳的門，一股難聞的霉氣直衝入鼻孔，裏面黑漆漆地什麼也看不見。我又走進大嫂的臥室，她的床邊躺的一條黃狗，我害怕牠咬我，躡手躡腳地連忙退出來，站在門邊停了一會兒，看着狗沒有絲毫動靜，再走近一看，用腳尖踢一踢，原他牠早已僵硬了。

「三嫂！我回來了，你躲在什麼地方呀？怎麼我一個人也看不見？」

站在後廳裏，我放開着嗓子大聲叫着，這麼大一所房子，怎麼看不見一個人？聽不見一點聲音？我很奇怪，家裏的人和許多鄰居，他們都到那兒去了呢？我不相信他們都做了古人，我用力拉開了自己小時候的臥室之門，只見裏面空空如也，連一隻蜘蛛也沒有。從開着的窗口望出去，是一座廣漠無邊的墳場，一座座凸起的新墳刺激着我，使我的腳步，不由自主地朝着墳墓的方向走去。

「你怎麼又走錯了？這兒更不是你來的地方！去！趕快朝着石板路走去，你要走上你自己應該走的路，你要去尋找你自己的家！」

這又是一個熟悉的聲音，不錯，這是方才在花果山聽過的，清清楚楚，是祖母的聲音；可是，何以看不見祖母的容貌？也看不見她的影子呢？

我的心裏充滿了無限的淒涼，無限的憤慨！我的熱淚滾滾而下，我恍然大悟，我知道誰使我的家破壞到如此地步，誰使故鄉所有活生生的性命，長埋泉下？我只有一個信念，我必需找回我的親人，必需恢復我家舊日的繁榮，和故鄉的安靜，和平。

我回轉頭來就跑，我要去約達明，和他一同去尋找那條祖母指示我們的石板路。走呀！走呀！我走過了平原，又越過了高山，涉過了溪流，又渡過了海洋！走得我氣喘吁吁地渾身酸痛，但我並不灰心，也不氣餒。我相信只要我有決心，總會達到我的目的！走吧，跌倒了，爬起來，流汗了，任它乾，走完這一段險阻的旅途，前面便是我們的溫暖的家，光明的出路。

＊　＊　＊

「媽，快起來做飯，我要上學了！」

蓉兒一聲清脆的叫喊，把我從夢境喚回現實，這也許就是祖母指示我的路，我必須依照她的方向走去！

陽光從玻璃外射進來，白鴿子在簷下翩翩飛舞，雖然幾秒鐘以前我還在流淚；可是現在我心裏充滿了喜悅與興奮，我應該更英勇地走上自己的路了！……

熱

「謝媽媽，我告訴你一件好笑的事，方才有一位摩登小姐在馬路上掉了一隻高跟鞋，汽車來了，她不敢去拿，趕快躲到一邊；等汽車開了，她才去取，那隻鞋子沾在柏油上拿不動了。哈哈！眞好玩兒。」

小文從外面跑來告訴我這件新聞，可惜沒有給記者看到；要不然，眞可以登在本市新聞呢。

眼看着華氏寒暑表升到了九十六度，整天開了電扇，還覺得悶熱不堪。汽車駛在馬路上，發出嘶拉嘶拉的聲音，柏油完全融化了，如果不是汽車開得快，輪胎準會像摩登小姐的高跟鞋被柏油黏住的。

在應付氣候這一點上，我承認是個最沒有用的人；冬天畏寒，夏天怕熱。在馬來亞三年多，別的還可以應付，只有熱，實在受不了；可是，憑良心說，比起最近一星期來，馬來亞還沒有臺北的熱，如果我的記憶力不錯的話，太平最熱的時候，也只有九十四、五度；而且熱的時間很短，也許一天，也許半天，一到晚上，就要蓋毛巾被；否則一定會受涼。許多朋友都羨慕我們住在全馬最涼快的地方——太平，何況風景又這麼優美，太平湖和太平山，就在我們的眼前。

記得在太平過夏天的時候，我們每天吃完晚飯，便開了車子去飛機場乘涼，那變幻萬千的晚霞，曾經使我們留連忘返。廣濶的機場上，停着一兩架小小的軍用機，使人覺得有一種寂寞淒清之感。

「別吵，靜靜地欣賞晚霞。」

蓉兒用嚴肅的口吻說着，我們眞的靜下來了。

遠處，炊烟繚繞，灰色的烟，吹上了天邊，完全變成了灰色的雲；有時，灰雲裏忽然射出幾道光來，是那麼閃閃發亮，璀璨耀目；有時現出一副觀音坐蓮像，有時是萬里長城。

「快看！快看！駱駝出現了！」

許建吾先生第一次和我們看晚霞，他高興得像孩子似的，用手不住地指着這個說像山峯，那個像北平的北海的白塔，許多幻景，都是瞬間消逝，只有駱駝老是停在那裏不走。

「唉！我們都是駱駝……」

我彷彿在自言自語，他們都不答腔。蓉兒把手提收音機開了，聽一曲古典音樂，那幽靜和平的氣氛，使人覺得這世界太美，太可愛了！

「異鄉雖好不如歸！」

這是我的思想，也是大家的意見。眼看着那幾個坐了汽車，騎了腳踏車來看晚霞的人，都先後回去了，只剩下我們幾個還靜靜地坐在石櫈上遐思。

回到不是屬於我們的家，一進客廳，便覺得悶熱得透不過氣來；原來房東太太喜歡在黃昏來臨的時候，把所有門窗關得緊緊的，好像生怕小偷會像蟑螂似的由門縫裏鑽了進來，我們一進屋，又統統把窗戶打開，她雖然萬分不高興，但拿我們莫可如何。

那時我們改作文，看筆記，多半在晚上，電扇不住地吹，要等眼皮自動地闔上了，已到了精疲力盡的時候，才沖完最後一次涼，躺下休息，結束一天的忙碌生活。

如今我卻又懷念起那一段生活來了：在太平湖兜風；在飛機場看晚霞；在太平山看夜景；還有那美麗的胡姬花，那鮮艷的紅毛丹……

熱，使我四肢無力，彷彿癱瘓似的不想動一下，坐在那裏，便像患軟骨病的人不能站起來，我想驅除熱魔的方法，只有兩個；一是心靜自然涼，二是工作。對於前者，我還沒有修養到家，不能閉目沉思，讓汗珠流出來自己乾掉；沒法，我只好拚命工作，不是閱卷，便是寫信，看書，我不讓自己有一刻休息；一休息，熱魔便乘機而入，使我頭昏腦脹，神志不清。

還記得三天前的下午，正是火傘高張的時候，陳、李兩君正在爲我修理陰溝，豆大的汗珠，從他們的額上滾下來滴在土裏，臉上的顆顆汗珠，像珍珠似的流在他們的皮膚上，在陽光的照耀下，亮晶晶地使我看了特別感到難受，於是我馬上動手，和他們一同工作。雖然我沒有經驗，對於水泥和沙應該各佔多少，加若干水，我都不懂，只知道這兩種東西調和之後，就可以凝結成固體，可以建築房屋，橋樑，可以打成很堅固的地基。

「老師去休息吧，天太熱了！」

他們在異口同聲地對我說。

「不，你們能受得住熱，難道我不能嗎？」

我振振有詞地回答他們。

「我們是習慣了，不怕熱；老師不習慣，何況年紀大了！」

近兩年來，我最怕人家說我年紀大，或者叫我「老太太」！我常常覺得我還年輕，我喜歡爬山，喜歡旅行；更喜和孩子們在一塊兒講故事，說笑話；小朋友寫給我的信，我把它當做情書似的保留起來，我相信我不會衰老，在心理上、思想上，我相信我會永遠年輕。

今夜，我又沒有被熱浪征服，我把茶几搬到院子裏來，坐在那矮椅子上，一面和蚊子戰鬥，一面流着汗寫我的文章。

朋友，你也和我一樣怕熱嗎？只有工作，才能消滅這可怕的敵人。

六九（一九八〇）年六月二十日上午改寫於金山

母愛

是一個細雨霏霏的早晨，我被一陣緊急的打門聲從夢裏驚醒。

「誰？」我躺在床上問。

沒有人回答，門打的比方才更急了。

我以爲是送電報或者是查戶口的；不然，爲什麼沒有回音呢？

我披着大衣很不耐煩地下去開門，原來是阿婆來了。

「阿婆，你這麼早來幹什麼？」

我雖然沒有看錶，猜想那時還不到六點。

「我的兒子要去當兵，九點就動身，我特地早點來替你做早飯；做好，我馬上要回家了。」

我看見她的臉上有淚痕，一雙眼睛已經哭腫了，連忙安慰她：

「阿婆，你爲什麼要哭呢？當兵是好事，過幾個月他就要回來的；去年他去受訓，四個月就回來了，你不是說他胖了許多嗎？一頓能吃六個大饅頭，也不生病，這不很好嗎？」

「我怕他去……去打仗！」

好容易從她的嘴裏吐出來這幾個字，眼淚又湧上來了。

「阿婆，你不要胡思亂想，現在的臺灣很安定，並沒有戰事，你怎麼忽然想到打仗上面去呢？」

「太太，你不知道，日本時代，凡是去當兵的人，十個人裏面，就有六、七個不能回來的；我只有這一個獨生子，如果他………我依靠誰呢？」

我把國家興亡，匹夫有責的大道理，用最通俗的語言，講給她聽，大約花了我半小時的功夫，總算把她說得不哭了。

做好了稀飯，她眞的要回家，我當然同意。

「我要送兒子上火車，要是回來太晚，就不能替你做午飯了，對不起，我下午一定來！」

「阿婆，不要難過，記着！他不是開到前線去打仗，他是去受訓啊！」我又重複地說一句。

她點了點頭，默默地走了。

時間不到十一點，她又匆匆忙忙地跑來了。

「你兒子走了嗎？阿婆。」

「沒有，要到今晚六點才走呢！我回去煮了兩個荷包蛋給他吃，還爲他補了兩件衣服。」

「衣服？只要穿一套去就得了，那裏統統有發的！」

「我知道！」她緊接着我的話說：「聽說現在的軍服都是外國料子，很漂亮，很結實。在軍隊裏，什麼都有發，連草紙都是公家的；但我不知爲什麼，總覺得我的兒子是不能離開我的，他想不想我，我無法知道；至於我對他，確實是很想念的！每天晚上，他如果回來晚了，我老是站在門口等他，我把他當做一個幾歲的孩子，我怕他被車子壓了，又怕他突然生病了。太太，我生三個兒子，如今只剩這一個了，兩個女孩都是人家的；不過，我也帶親了，她們都不願離開我，唉！一個人眞沒意思，爲什麼要爲兒女苦惱呢？

說着，說着，她又發起牢騷來了。

「阿婆，趕快給你兒子討個媳婦，有她招呼丈夫，你就不必操心了。」

「拿什麼來討呢？沒有錢呀！」

「你兒子賺的錢爲什麼不叫他存起來？」

「太太，快不要說存錢了，他從來不拿一個錢給我用的。去年他在當兵的時候，我每個月要託人帶三、四十元給他零用，他統統拿來照相花掉了。回來以後，他替一位小學校長拉包車，每個月賺的錢，都是他一個人花；有時一天看兩場電影，在外邊吃館子，可憐我這麼老了，幾年沒有看過電影了；鴨子生了蛋也捨不得自己吃，總是爲他留着。唉！我對他這麼好，他那裏懂得啊！」

如果照常人的心理推測，兒子既然這樣不懂得孝順母親，母親還那麼想念他幹嗎？他去受軍訓，省得她操心，不是很省事很清靜嗎？然而母愛是偉大的，她絕不計較這一切，只覺得兒子是她的骨肉，是她心上最親愛的人，她不能離開他，像一個正在吃奶的孩子不能離開母親一般。

五點還不到，阿婆就把飯菜端在桌上了。

「我要送兒子去了，太太，明早再見吧。」

她凄然地對我說，聲音帶着幾分顫抖。

「阿婆，不要難過，四個月之後，他就會回來的。」

「好，我不難過。」

望着她的背影消逝以後，蓉兒忽然對我說：

「媽，阿婆太可憐了，今天她一定會大哭一場的。」

「孩子，懂得嗎？這就是母愛。」

斷了線的風箏

從未然別墅的樓上向西面望去，是一片廣闊的草坪，翠綠的天鵝絨似的地毯上，有一羣孩子在那裏放風箏，他們仰着頭，興高彩烈地說着笑着，有時看看紙鳶很順利地放上去了，不料一陣風吹來，紙鳶早已臥倒在地上。

「沒有關係，再來，我今天非把它放上去不可！」

一個清脆的聲音說，聽語氣，那是一個有決心的男孩。

「你不會，讓我來！」

另一個大約七八歲的男孩說。

「誰說我不會，你忘記了前天你把風箏纏在樹上嗎？我一放就飛上半天，不要着急，你等着看好了。」

「哼！纏在樹上，那不能怪我，只怪得風呀！」

「對！現在也不能怪我，只怪風呀！」

於是你一句我一句，兩人起初由門嘴而相罵，由相罵而打起來了，大的孩子氣憤憤地把線弄斷，立刻風箏飄飄上升，其他的孩子，全體不約而同地鼓起掌來，把他們兩個氣得差一點哭了。

* * *

鮮紅的鳳凰花，星星點點地飄落在綠色的草地上，是那麼美，那麼顏色調和。孩子們的笑聲，把我帶回到四十多年前的春天：

「一個女孩子也來放風箏，眞不怕羞！」

「羞什麼？你放屁！難道女孩子就不是人嗎？」

我一開口，就把那個名叫小牛的男孩罵了一頓。

「鳳姑娘你不要生氣，女孩子是不好放風箏的，你的小腳怎麼跑得動呢？」

珍姑娘也在一旁洩我的氣。

「誰說我跑不快，我跑給你看看。」

我眞的放開腳步就跑，右腳扭了好幾次，痛得要命，我忍住不敢說出來。

「哈哈！你眞的跑得很快，那麼你去放吧，離開我遠一點，不要纏住了我的線。」

小牛說着，慢慢地鬆開手裏的線軸，風箏便一搖一擺地飛上半天。

「鳳姑娘，爲什麼你的風箏放不上去呢？」

珍姑娘問。

「是呀，我也不知道爲什麼緣故放不上去，該不是小牛在搗鬼吧？」

「他搗什麼鬼？一定是你買的風箏不好。」

「哼！笑話，和他們的一模一樣。」

「那麼，爲什麼放不上去呢？」

「也許是線有問題。」

於是珍姑娘跑去看小牛他們用的線，也和我的完全一樣粗細。

這時我又氣又惱，爲了好勝心在作祟，我非把它放上去不可！

正在我急得滿頭大汗，狼狽不堪的時候，表哥跑來了，他把風箏檢查一下，突然大笑起來：

「哈哈！你們眞比猪還蠢，怎麼把線繫在風箏的反面呢？反了，反了，怪不得放不上去！」

這時我眞慚愧得無地自容，只好紅着臉說：

「表哥，請你替我綁一下吧。」

果然，經過表哥改正以後，風箏直線上升，我高興極了，一古腦把所有的線統統放完。風箏飛得那麼高，一刹那功夫，竟連影子也看不見了。我的手越來越酸，越來越痛了；到最後，幾乎要把我帶上天空，不知什麼時候，我的手一鬆，風箏飛去，永遠不再回來了！

「唉！可惜，可惜，我還沒有玩，它就上天了！」

珍姑娘在嘆息。

「唉！」我也學她的語氣，長長地嘆了一聲：「如果我能像風箏一樣，飛得那麼高，那麼遠，多麼快活呀！」

那件事距今四十多年了，我已由天眞活潑的小姑娘，變成「而視茫茫，而齒牙動搖」的老太婆了！回憶往事，歷歷在目；直到今天，我仍然喜歡遠走高飛，天涯海角，到處爲家，也許這是與我小時候羨慕斷了線的風箏有關係吧？

望信

「全世界的郵政，只有中國的辦得最好！」

我曾經不止一次在文章裏，寫過這種自誇自慰的話。

眞的，這並不是我在自我宣傳，更不是誇大其辭，而是有事實證明的。

例如：臺灣的信件，分爲限時信、平信、航空三種；每天收信時間，從清早到晚上半夜，一共有七、八次。而這裏（指舊金山百老匯路區域）一天只收一次信，送一次信，星期日或放假日照例不送信；有一個郵筒，載明下午四時收信一次。

在小市鎮，或者近鄉下的地方，發信收信都在一個小信箱裏，要發的信可以先放在箱內，把那個旗子豎起來，等郵差來時，他把信收在袋子裏，然後把帶來的信放進去，放下旗子。

我在兒女的家住過，她們並不是住在鄉下，只是離城遠一點而已，也只有一個信箱。每次當我看到小旗放下時，我就趕快去拿信。那裏的郵差也像舊金山的一樣，有時上午十一點不到就來了；有時要等到一兩點才送。從窗口看郵箱上的小旗子，使我一星期有六個快樂的希望，每次至少也可收到一兩封信，雖然沒有在舊金山的多，有時竟有九、十封，我的快樂和精神上的安慰，完全寄託在這些親友信件以及報紙、雜誌、書的上面。

當我拿到一大把信時，那種快樂，眞是不能以言語文字形容，於是先倒一杯甜甜的紅葡萄酒，抓一把花生，一面喝酒吃花生，一面看信，眞比做了皇帝還高興！

不過，有時由信裏會帶來不幸的消息，例如某人中風，某人患癌症住醫院，某人已去世。這時我的情緒，起了大大的變化，我無心喝酒吃花生了，我草草地把其他的信看一遍，記下朋友的姓名，和他寫信的月日，然後馬上回信安慰那位遭遇不幸的朋友，有病的，祝福他快快痊癒，求上蒼保佑；去世的就安慰生者務必要達觀，人生誰也逃不了這一關，我們如能把生死置之度外，把死視作睡覺一樣，那就沒有痛苦了。

記憶力衰退

——金山瑣記之六

我想，老年人最初感到最悲哀的一件事是記憶力忽然衰退了。

記得小時候，常常聽到祖母說：「我的手杖放在什麼地方去了？」「昨天來看我的那個老太太是誰？」「我說過今天要去那裏了？」

「奶奶眞是莫名其妙，昨天的事情就記不住，太奇怪了！」我對母親說。

「小孩子，那裏懂得老人的事，小孩記憶力最好，將來你老了，也會和奶奶一樣的。」

「哼！我才不會老呢！」我說完，一溜煙跑了，回頭望一下母親，只見她微笑着搖了搖頭。

* * *

大概是十年以前，我的記憶力開始衰退，常常戴着手錶找手錶；眼鏡放在皮包裏，臨出門時，到處找眼鏡，有一次還打了幾個電話問朋友：「我的眼鏡是不是忘記在您家裏？」等到對方回答「沒有」時，於是又問另一家；後來我突然想到翻自己的皮包，果然眼鏡在裏面。

昨天發生一件更可笑的事情：

手錶不見了！

找呀！找呀！明明記得，早晨八點鐘，做完騎腳踏車（固定的）腿部運動以後，就把手錶上弦，完了，照例掛在和英送給我的塑膠手上，（有兩個英文字：不要忘記—Don't forget。）這是一隻左手的模型，中指、無名指、小指是屈着的，大拇指和食指伸着，還塗上鮮紅的指甲油，食指外面，還有一個像戒指似的玩藝兒，裏面有一小塊白色的小塑膠，可以放紙條，記載當天要做的重要事；我用來掛手錶，出門時再載，是最好的工具。

誰知道今天不見了，我懷疑當我上樓沒有關門，有人進來順手牽羊拿走了。

「不要胡思亂猜，誰知道你的手錶放在什麼地方呢？」外子說。

「我明知道不會有人進來；可是當我四處找不着時，只好亂猜了。」

兩小時後，居然在床邊的一疊書上找到了，眞是可笑。究竟我是什麼時候將錶放在那裏的？爲什麼放到那裏的？一點想不起來。

十點，我上街去買水菓、鷄蛋和葡萄酒。

結果呢？忘了買鷄蛋。回來自己罵道：

「該死，你的記性爲什麼這樣壞？又要我跑一趟！」

還有比這更可笑的事呢！

把今天上街要買的東西，照例開一張單子，有時忘記了把單子放進皮包，有時忘記了從皮包拿出來；回到家，又把自己痛罵一頓。

* * *

回想年輕時，有過目不忘，一目四、五行的經驗，如今上午看的書，下午就忘了；晚上看的故事，明早醒來又忘了。

這眞是老年人的悲哀，所以我常對青年朋友說：「趁着年輕的時候，千萬多讀書，到了老年，你只能當時陶醉一下，過後什麼都忘了！」

「少壯不努力，老大徒傷悲。」

這眞是千古有用的名言。

六十九年八月二十五日

樂極生悲

自從收到之遠五月二十八日來信及附稿之後，我高興極了！爲了體恤我的眼睛，他允許我每篇寫七、八百字也可以；於是我決定將我去年九月十七，自舊金山動身去加拿大旅行探親訪友，十月九日回舊金山，這三星期的生活，在日記上移到稿紙上，寄給之遠，請他爲我斧正增刪後發表，以留作八十老婆婆獨自旅行的紀念；誰知還沒有開始，就遭遇到意外，六月九號我自海濱水族館（Monterey Bay Aquarium）參觀回來，右胸的肋骨兩根裂開，不能行動了！

這眞是意想不到的災難，當我隨我們宿舍的鄰居二十餘人，去水族館的時候，我高興得像孩子似的，看到那許多奇形怪狀、顏色鮮豔、美麗可愛的魚類、海藻、珊瑚……我彷彿像蛙人似的，游到了海洋深處，還見到生平沒見過的魚蝦及雄偉的海底瓊樓玉宇。當我走倦了，坐在櫈上休息的時候，我閉着眼睛，幻想水底龍王富麗堂皇的宮殿。唉！我假若是蛙人，能在海裏自由自在地，像魚兒一樣地游來游去，是多麼逍遙快樂！

說實話，來回坐將近七小時的「大巴士」，又在水族館參觀三小時，全車的老人，有三分之二以上都感覺太疲勞；何況我這兩條腿都斷過，實在太累，太疲勞了！

我的右眼曾兩次施手術，左腿也骨裂一次，雖沒開刀，在床上躺了一個半月，才離開輪椅，扶杖緩行。這一次肋骨裂開，又平添了人生一次苦痛！

也許這是我應受的折磨，一定是我不孝父母（不是不孝，而是雙親去世太早，我無從報恩，這是我今生感到最痛心的事！）的報應吧！我的孽障也許太重，只好逆來順受。

當我六月九號下午六點回來的時候，我不敢告訴達明，我已到了精疲力盡的時候，他早已看出我的倦容，用責備的口吻說：

「爲什麼不和我商量你要去旅行，也不打聽一下路有多遠？不想想自己的年齡，眞是老糊塗！………」

我無話回答，一切只有忍受。我不知道究竟肋骨是什麼時候受傷的？

一連三晚，痛得我不能翻身，全靠安眠藥才能睡着。挨到星期四，再也忍不住了，才去看內科的曹大夫，他要我去東華醫院照X光，第二天下午，曹大夫來電話了：

「醫院的報告送來了，你有兩根肋骨裂開了，這是缺少鈣質，骨鬆了，容易折裂；沒關係，不要害怕，趕快去藥房買綳帶綁住，最好多躺，不要上街。昨天給你開的止痛藥，四小時吃一顆，不要難過，休息幾天，就會好的。」

曹大夫非常細心，把我當小孩看待。我實在也很聽話，按時吃藥，在家休息，達明比我還着急，他爲我買了綳帶來，緊緊地綑住，還買了我不喜歡喝的鈣水來，等於「亡羊補牢」，猶未爲晚。

此刻是下午五點，我要準備晚餐了，趁他出去散步的時候，我偷偷地草了這篇短文，希望今晚少痛一點，那麼過幾天，我就可以多寫一點了。

一九八六年六月十四日

三民叢刊1

邁向已開發國家

孫震 著

邁向已開發國家的過程中，先是追求成長與富裕，但富裕之後，仍有很多我們要追求的目標。作者孫震博士，曾參與臺灣發展的規畫，也對臺灣邁向已開發國家的前景充滿信心，但除了經濟上的成就外，作者更關心的是新時代來臨後的羣己問題、教育問題，正如這幾年來他所持續宣揚的——更重要的是邁向一個「富而好禮的社會。」

三民叢刊2

經濟發展啓示錄

于宗先 著

在多年的高度發展以後，臺灣的經濟也併隨產生了許多問題；諸如經濟自由化的落實、勞資雙方的爭議、產業科技的轉型、投機風氣的熾盛等等，都是目前迫切的課題，本書作者于宗先先生，以其經濟學者的關心，對這些問題提出其專業上的看法。而這些討論，將更能爲臺灣進一步的發展提供可貴的啓示。

三民叢刊3

中國文學講話

王更生 著

從「關關雎鳩，在河之洲」開始，中國文學匯流成波瀾萬千，美不勝收的滄海。坊間介紹中國文學流變的書籍很多，但大多以政治朝代分期，無視於文學本身一貫的生命，而把文學以政治分期的手術刀隨意支解；本書突破以往陳陳相因的格式，改採以文學體裁爲基據的敍述方式，將各種文體的流變以一氣呵成的方式介紹給讀者。以使讀者有遊目騁懷之快，也更能掌握中國文學整體的生命。

三民叢刊54

紅樓夢新解
紅樓夢新辨

潘重規　著

自蔡元培、胡適兩先生對紅樓夢熱烈討論之後，紅學已成爲文史學中的一門顯學。在舉世風從胡氏的自傳說之後，潘重規先生獨持異議，發表論文主張紅樓夢是漢族志士反淸復明之作，使學界對胡氏再做檢討，而開展紅學的另一新路。潘先生在香港新亞書院創設紅樓夢研究課程，刊行紅樓夢研究專輯，又於一九七三年獨往列寧格勒，披閱該處所藏乾隆舊抄本紅樓夢，發表論文，飲譽國際。歷年來潘先生與胡適、周汝昌、趙岡、余英時諸先生討論的文字及論文，今彙集爲「紅樓夢新解」、「紅樓夢新辨」重加校訂出版，使讀者能一窺紅樓夢作者之眞意所在，暨紅學發展之流變。

三民叢刊6

自由與權威

周陽山　著

自由與權威並不是對立的觀念。一個眞正的權威，是使人自願接受的力量，服從一個眞權威並不會使人感覺不自由，相反的，他是指引人們進一步思考、發展的助力。而一羣人獨立的自由，也只有在權威設定了自由的範圍後才得以維續。作者周陽山先生，探索有關自由主義、權威主義、保守主義及各種激進思潮在中國的歷程多年。在本書中，作者進一步透過相關的國際知識發展經驗，檢討自由與權威，自由化與民主轉型，以及國家社會與民間社會等層面的理念，期爲民主化的歷程建構一條坦途。

三民叢刊7

勇往直前

石永貴　著

石永貴先生，絕對是大衆傳播界一個響亮的名字，在他任內，使新生報轉虧爲盈，發行量增加了一倍，也是在他任內，使臺視業績成長了四十四倍，並使臺視新聞確立了不移的口碑。他的成功經驗、勇氣和堅持，當可予人不同的啓示。本書卽收集了石永貴先生自述其心路歷程的文字，從書中，我們可以看到他怎樣期待部屬，也看到要求自己，這些經驗和理念，不僅可讓傳播人獲益非淺，一般人讀了，也可獲知成功的理念何在。

三民叢刊8

細微的一炷香

劉紹銘　著

劉紹銘先生爲海外知名學者，研究現代文學聲譽卓著。他以本名撰寫文學評論，以二殘筆名撰寫諷諭文章，文思流暢，刻畫生動，本書爲作者最新之文集，蒐集大陸民運前後發表的文評及雜文，除了析述海內外有關中國的文壇發展外，字裏行間所流露的對中國現勢及未來的痛心及關心，更是使人心動。

三民叢刊9

文與情

琦君　著

琦君的散文，溫柔敦厚，於自然中散發出細膩的情思，久已爲人稱譽。本書卽收錄了他最近的作品，從日常生活中隨手拈來，自也透露出作者駕馭文字的純熟工夫。另外並有琦君向少執筆的小說及她第一次執筆的劇本，可看出作者對文字掌握的多面能力。不可不讀。

三民叢刊10

在我們的時代

周志文　著

「在我們的時代，希望很容易幻滅，但在一段沮喪過後，逃逸了的希望又常常不期然地像雨後的彩虹一般的在遠方出現。」

本書收集作者兩年來在中時晚報所發表的時事短評，針對的人、事雖各有不同，但所抱持的理念是一致的，那就是一個人文學者對現世的關懷，與對未來猶不死滅的希望。

作者以洗鍊的文筆，犀利的剖開事件上層層的迷障，讓我們得以見到更深刻的事實和理念。

三民叢刊11 12

中央社的故事

周培敬　著

六十年來，中央通訊社一直在中國新聞界的發展上扮演著重要的角色；從建立全國性的電訊網，收回外國通訊社發稿權，見證八年抗戰，親歷臺灣經濟奇蹟，目睹了退出聯合國，中央社一遍遍的做下時代的紀錄。它寫著這些年的歷史，從而也把自己寫進了歷史之中。

三民叢刊13

梭羅與中國

陳長房　著

美國作家梭羅以其《華爾騰》（或譯《湖濱散記》）一書呼喚人們在日常更深入的生活，創造更有意義、更爲快樂的生活，而聞名於世。其對生活的態度正與中國的孔、孟、老、莊思想有相契之處。作者陳長房先生層層爬梳，探究其間的關係，並論述了梭羅的作品及思想。透過這跨文化的比較，也許正可幫助我們在濁世中尋覓桃源。

三民叢刊14

時代邊緣之聲

龔鵬程　著

時代的邊緣人，不是無涉於世的出世者，他只是退居在時代激流之旁，以讀書、讀人、讀世自遣，以文字聊爲時代留下些註腳。

本書即是以時代邊緣人的心情自謂而做的記述，偶或玩世不恭，亦曾獨立蒼茫，但終究掩不住其對時代的關切及奮激之情。

三民叢刊15

紅學六十年

潘重規　著

本書爲「紅學論集」的第三本，集中討論紅學發展，及列寧格勒《紅樓夢》手抄本的發現報告及研究。作者於《紅樓》眞旨獨有所見，歷年來與各方論辯之文章，亦收錄於書中，庶幾使讀者一窺《紅樓夢》之眞意所在，及紅學發展之流變。

三民叢刊16

解咒與立法

勞思光　著

近來臺灣的社會力在解除了身上的魔咒之後，一時四處噴發，整個社會因而孕育著新生和希望，也充滿了騷動和不安。勞思光先生以其治學的睿智，剖析社會紛亂的眞象，指出：「解咒」之後，必須「立法」，亦即建立新的規則，若在這一步上沒有成果，則所謂「進步」亦失去意義。值得吾人深思。

三民叢刊17

對不起，借過一下

水晶　著

「對不起，借過一下！」要借的是：在舉世滔滔，資訊爆炸的年代，各人心靈上的一點空間，來容納書中帶來之感性與理性的清涼。本書為作者近作之散文及評論的合集，散文率從生活小事著墨，筆觸輕靈動人。評論主要針對張愛玲、錢鍾書二氏之作品，亦抉其幽微，篇篇可誦。

三民叢刊18

解體分裂的年代

楊渡　著

隨著歷史的前進，臺灣的生活方式由農業生活轉入了工業社會，生活方式的改變也帶來了社會結構，包涵政治、經濟等方面的結構解體、分裂，與重組，而重組的路究竟通向何方？改革？或是革命？作者近年來著力追尋改變的軌跡，肯定了改變的根源來自民間，其路向也該朝向人民的需求。書中文字即記錄了作者追尋過程中所注意到的種種現象，期能透過對這些現象的反省，從中得到記憶的力量。

三民叢刊19 20

德國在那裏

政治・經濟篇
文化・統一篇

郭恒鈺・許琳菲等著

一九九〇年，兩德的快速統一，使德國成為舉世矚目的焦點，也為其他仍處於分裂中的國家，樹立了一個典範，而「德國經驗」的成功，有其廣泛的背景。本書即是對二次世界大戰後的「德國經驗」作一次總回顧，有系統的介紹了聯邦德國政治、經濟、文化等等的制度概況，及兩德統一的過程和啓示，可為有心更瞭解德國的人作參考。

三民叢刊21

浮生九四
——雪林回憶錄

蘇雪林 著

蘇雪林女士是新文學運動中第一代的女作家，在文藝創作和學術研究上都有豐碩的成果。晚年她親自撰寫此書，敍述其一生的經歷，文藝創作的動機、及學術研究的進程。文筆質樸，字字眞實，不僅是個人的紀錄，也是時代的見證。

三民叢刊22

海天集

莊信正 著

「海內存知己，天涯若比鄰」。若能以文會友，與天下人相交往，實爲人生樂事。作者在書中所欲實現的，正是此一理想。全書共分三輯，第一輯論中國文學，第二輯談西洋文學，第三輯則屬於比較文學。論述地區包含中、美、英、法、俄，篇篇精到，爲不可多得之作。

三民叢刊23

日本式心靈
——文化與社會散論

李永熾 著

日本人具有複雜的民族性格，美國人類學家潘乃德曾以菊花與劍來象徵這種複雜與矛盾。李永熾先生在本書中，從日本人的家族組織、社會思想、文學及電影作品等方面深入剖析日本的文化與社會，藉由此書，將有助於我們更了解日本式心靈的面貌。

三民叢刊24

臺灣文學風貌

李瑞騰　著

臺灣由於近代歷史命運的多重變遷，使臺灣文學也隨之而顯現出豐富的面貌。李瑞騰先生多年來致力於臺灣文學的觀察與研究，認爲臺灣文學雖有其獨特性，但仍不自外於中文文學，更需納入以中文作爲表現媒介地區的體制下，尋找彼此間互動的關係。本書即是他近年來觀察的呈現。

三民叢刊25

干儛集

黃翰荻　著

黃翰荻先生撰述的藝術評論，關注的不僅是藝術創作本身，而擴及藝術創作所在的整個大環境。雖舉世滔滔，仍不改其堅持。「刑天舞干戚，猛志固長在」，書名出自於此，作者深意也由此可喻。

三民叢刊26

作家與作品

謝冰瑩　著

月旦人物，臧否文章，並非一定都是冷靜的陳述；懷恩的心情，謙和的筆調，也許更能引發人們的共鳴。謝冰瑩女士以溫婉的筆調，描寫她所接觸過的作家與作品，並抒發一己之感，不以深奧的理論炫人，而意韻自然深刻雋永。

三民叢刊27

冰瑩書信

謝冰瑩　著

寸筆短箋所成就的，不僅是一封封信件，更是一份份心意。本書蒐集了謝冰瑩女士寫給她的小朋友、大朋友、老朋友們的信件，雖然對象不同，但作者對周遭人事的深厚關懷卻處處流露，細讀之下，更能體會字裏行間所蘊涵的溫暖之意。

三民叢刊28

冰瑩遊記

謝冰瑩　著

遊跡萬里，不僅能增廣見聞，且能開拓心胸，若身不能至，則一卷在手，神遊萬里，亦可一舒胸懷。透過謝冰瑩女士生動靈活的筆觸，常可使讀者有與之偕遊之感。或可稍補不能親臨之憾。

三民叢刊29

冰瑩憶往

謝冰瑩　著

記憶裏可能儘是些牽牽絆絆的事物，然而它也可以成爲我們面對生活的力量。作者以清逸的文章，追述往日的點點滴滴，在歲月的流逝中，更堅定了她對創作，對生命永不懈怠的信念。

三民叢刊 30

冰瑩懷舊

謝冰瑩 著

本書蒐集的多爲作者對故人的追念文章。謝女士生平以眞心待人，至親好友的生離死別，對她尤其有特別深的感受，筆之爲文，更顯情誼，將人生遇合的不定，生非容易死非甘的難堪，描摹的十分貼切。性情中人，讀之必有所感。

國立中央圖書館出版品預行編目資料

冰瑩憶往／謝冰瑩著.--初版.--臺北市；三民，民80

面；　　公分．--(三民叢刊)

ISBN 957-14-1800-5 (平裝)

1.謝冰瑩－傳記

782.886　　80000943

著　者　謝冰瑩

發行人　劉振强

出版者　三民書局股份有限公司

印刷所　三民書局股份有限公司

地址／臺北市重慶南路一段六十一號

郵撥／〇〇〇九九九八——五號

初　版　中華民國八十年五月

編　號　S 85215

基本定價　叁元肆角叁分

行政院新聞局登記證局版臺業字第〇二〇〇號

ISBN 957-14-1800-5 (平裝)

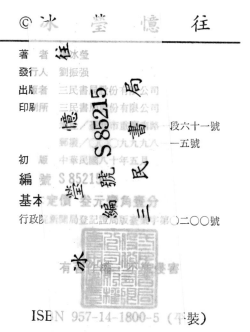